Denzler, Markowitsch, Frölich, Kessler, Ihl
Demenz im Alter

Petra Denzler, Hans J. Markowitsch, Lutz Frölich, Josef Kessler und Ralf Ihl

Demenz im Alter: Pathologie, Diagnostik, Therapieansätze

Beltz Verlag · Weinheim und Basel 1989

Die Aufnahmen auf den Seiten 38–39 (Abb. 4a und 4b) wurden freundlicherweise von Herrn Prof. Dr. Jürgen Peiffer vom Institut für Hirnforschung der Universität Tübingen zur Verfügung gestellt. Die Positronen-Emissions-Tomographischen Aufnahmen auf den Seiten 129–132 (Abb. 9–12) wurden am Max-Planck-Institut für neurologische Forschung in Köln (Dir. Prof. Dr. W. D. Heiss) erstellt. Herrn Dr. Pawlik ist für die Bildauswahl zu danken.

CIP-Titelaufnahme der Deutschen Bibliothek
Demenz im Alter: Pathologie, Diagnostik, Therapieansätze / Petra Denzler ... – Weinheim ; Basel : Beltz, 1989
ISBN 3-407-86110-9
NE: Denzler, Petra [Mitverf.]

Lektorat: Beltz Test GmbH

Satz: Satz- und Reprotechnik, 6944 Hemsbach
Druck und buchbinderische Verarbeitung:
Druckhaus Beltz, 6944 Hemsbach
Umschlaggestaltung: Bernhard Zerwann, Bad Dürkheim
Printed in Germany

ISBN 3-407-86110-9

Inhaltsverzeichnis

Vorwort

Mit diesem Buch wollen die Autoren in erster Linie dem interessierten Laien ein vertiefteres Verständnis für die Demenz, insbesondere die Alzheimersche Krankheit, ihre Entstehung, Erkennung und Therapie vermitteln, um so Erkenntnisse psychologischer, biologischer und medizinischer Forschung einem breiteren Leserkreis zugänglich zu machen.

Jedoch auch dem mit dieser Thematik eher Vertrauten kann das Buch neue Informationen liefern bzw. dazu dienlich sein, vorhandenes Fachwissen zu ergänzen und zu vervollständigen. Insbesondere das 6. Kapitel zu den biologischen Grundlagen der Demenz wird dem Nicht-Fachmann unter Umständen Verständnisschwierigkeiten bereiten, dem interessierten „Eingeweihten" jedoch wertvolle Erkenntnisse liefern.

Demjenigen, der sich auf wissenschaftlicher Ebene mit der Demenz auseinandersetzt, sein Wissen noch vertiefen möchte oder weitere Informationen zu speziellen Bereichen sucht, sei das umfangreiche Literaturverzeichnis nahegelegt. Er wird dort nicht nur allgemeine Literatur finden, sondern auch eine Fülle von Forschungsarbeiten, die ihm das weiterführende Studium erleichtern werden.

Für den eher anwendungsorientierten Leser ist der „Mini-Mental-State“ im Anhang gedacht. Dieser nicht sehr aufwendige Test erlaubt durch eine gezielte Befragung und Beurteilung eine Prüfung kognitiver Funktionen und kann Hinweise auf das Vorliegen einer Demenz liefern.

1. Hans S. – Ein Fall von Demenz

17. November 1986

Ein Verdacht drängt sich auf.

...„Schon wieder sind wichtige Patentunterlagen verschwunden. Wer steckt dahinter? Industriespionage? Neidische Kollegen? Immerhin habe ich schon einige erfolgreiche Patente erhalten. Die Tantiemen sollen mir doch das Alter verschönern.“...

Der Tag hat für Hans S. nicht gut begonnen. Sind doch einige Unterlagen zu seiner Idee „Optimierung der Treibstoffausnutzung“ nicht mehr an der Stelle zu finden, wo er sie gestern abgelegt hat.

15. Dezember 1986

...„Es läßt mir keine Ruhe. Noch immer kein Hinweis, wer mir immer Papiere entwendet. Tags darauf sind sie oft wieder da. Es scheint, als würden sie nur kopiert. Die glauben wohl, mir fällt das nicht auf. Dieser Zustand nimmt mich ganz schön mit. Der Streß macht mich sogar vergeßlich. Habe ich doch tatsächlich zuhause geklingelt, obwohl ich den Wohnungsschlüssel in der Tasche hatte. Und dann diese Unruhe. Immer häufiger wache ich nachts auf. Was für ein Glück, daß wir einen Garten haben, in dem ich die Ruhe wiederfinden kann."...

Die Situation ist ernster geworden. Wenn seine Widersacher ihm seine Gedanken auch nicht rauben können, so zehren ihre Angriffe doch an seiner Gesundheit. Vieles hat er schon versucht, um sie an ihrem Tun zu hindern. Er hat Papiere weggeschlossen und mit nach Hause genommen. Aber nirgendwo sind sie sicher. Immer wieder fehlen Seiten oder ganze Akten. Sogar seine Frau hat er kurze Zeit im Verdacht gehabt, aber sie würde so etwas nach 40 Jahren Ehe sicher nicht tun. Die Lage ist nahezu trostlos.

12. Januar 1987

...„So ein Ärger. Habe ich doch glatt das Mittagessen zweimal gesalzen, wo ich doch meine Frau mit dem Kochen überraschen wollte. Schöne Bescherung. Ich tauge wirklich zu nichts mehr."...

Frau S. fällt auf, wie niedergeschlagen ihr Ehemann wirkt. Sehr vergeßlich ist er auch. Es wäre gut, einen Arzt um Rat zu fragen.

17. Januar 1987

Der Arzt kann nichts finden. Das EKG und die körperliche Untersuchung sind unauffällig. Doch gesund ist er nicht; darüber sind sich alle einig. Nur ein Spezialist kann wohl noch weiterhelfen.

27. Januar 1987

Ein Facharzt für Psychiatrie stellt die Diagnose einer endogenen Depression und schlägt ein trizyklisches Antidepressivum zur Behandlung vor.

22. Februar 1987

Keine Besserung. Es ist sogar eher schlechter geworden. Hans S. ist wortkarg. Er kann sich nicht mehr konzentrieren. Ob ein anderer Fachmann weiterhelfen kann?

2. März 1987

Ein anderer Psychiater kann Hans S. überreden, in seine Klinik zu kommen. Der Aufnahmearzt beschreibt Hans S. als ängstlich, verwirrt und desorientiert. Hans S. fürchtete, seine Altersversorgung sei gefährdet und seine Ehefrau wolle ihn verlassen. Frau S. bezeichnet alle Befürchtungen als an den Haaren herbeigezogen und ohne Realitätsgehalt.

Eine zweimonatige stationäre Behandlung schließt sich an, in deren Verlauf eine Reihe von Untersuchungen durchgeführt wird.

25. März 1987

Die Untersuchungsergebnisse liegen vor. Alle Blutwerte befinden sich im Normbereich. Röntgenaufnahmen von Schädel und Thorax zeigen keine Auffälligkeiten.

Unter Gabe eines auch anticholinerg wirkenden Medikaments gegen Depressionen hat sich der Zustand von Hans S. deutlich verschlechtert. Das Medikament wird abgesetzt und, da die Ängstlichkeit des Patienten noch weiter besteht, ein angstlösendes Beruhigungsmittel verordnet.

4. Mai 1987

...„Ich werde gesund. Völlig gesund!“...

Hans S. verläßt das Krankenhaus gegen den Rat der Ärzte. Auch seine Frau gewinnt den Eindruck, ihrem Gatten ginge es ein wenig besser.

Im Entlassungsbericht des Krankenhauses heißt es: „Als verantwortlich für die langwierige Erkrankung könnte auch eine hirnorganische Störung in Frage kommen.“

30. Juni 1987

…„Ich will wieder einmal etwas kochen und außerdem muß ich die Umsatzsteuer machen! Warum macht mir das Schreibmaschineschreiben auf einmal so viel Schwierigkeiten? Ohne die Hilfe meiner Frau wüßte ich nicht, wie ich das bewältigen sollte.“…

Trotz des Krankenhausaufenthaltes hat sich die Situation für Hans S. nicht wesentlich gebessert. Er ist zwar wieder etwas aktiver geworden, doch bei den Aktivitäten fallen ihm eine Reihe von Einbußen auf.

Der Hausarzt verschreibt ein „hirnleistungssteigerndes“ Medikament.

2. November 1987

Im Gespräch mit dem Hausarzt:

„Ich fühle mich gesund.“
„Welches Datum haben wir denn heute?“
„Tja, hmm …?“
„Wo befinden wir uns hier?“
„Hier oben! Tja, so ist das.“

Hans S. lächelt.

Obwohl in den letzten Monaten die Dosis des hirnleistungssteigernden Medikamentes erhöht worden ist, hat sich sein Zustand allmählich verschlechtert. Die ihm angeratene geistige Betätigung hat den Abbau nicht aufhalten können. Hans S. braucht weniger Schlaf. Nachts geht er häufig im Garten spazieren; eine kreisförmige Spur niedergetretenen Rasens zeichnet sich ab. Während er einfache Konversationen spielend beherrscht, weicht er konkreten Fragen geschickt aus.

15. Dezember 1987

14-tägige Arztbesuche haben keine Besserung gebracht. Hans S. ist desorientiert. Immer stärker hat er sich in der letzten Zeit von der Außenwelt zurückgezogen. Er spricht kaum noch. Letzte Rettung: Nervenklinik!?

4. Januar 1988

Bei der Aufnahme gibt Hans S. einen falsch geschriebenen Namen und ein falsches Geburtsdatum an. Das Rechnen einfachster Aufgaben ist ihm unmöglich. Er kann nur noch bis 10 zählen. Während Interesse und Initiative daniederliegen, ist er gleichzeitig von innerer Unruhe getrieben.

Die Untersuchungen der Blutchemie erbringen erneut unauffällige Werte. Eine gezielte Diagnostik zur Feststellung des Ausmaßes der hirnorganischen Komponente der Erkrankung wird durchgeführt. Im Computertomogramm findet sich eine innere und äußere Atrophie. Das EEG zeigt eine langsame Alphatätigkeit von 7-8 Hz. Die langsamen Frequenzen sind dabei stärker vertreten. In einer Untersuchung mit der topographischen EEG-Analyse zeigt sich ein Überwiegen frontaler Aktivität. Insbesondere in frontotemporalen Arealen ist die Alphaaktivität gemindert und die Deltaaktivität erhöht. In den gleichen Arealen findet sich mit den Untersuchungsverfahren zur Hirndurchblutung eine regionale Minderperfusion. Bei den neuropsychologischen Untersuchungen finden sich erhebliche Störungen im Gedächtnisbereich.

Mit der Verdachtsdiagnose einer „Demenz vom Alzheimer-Typ (DAT)“ wird eine Positronen-Emissions-Tomographie durchgeführt. Diese zeigt in temporo-parieto-occipitalen Bereichen eine geringere Glucoseverwertung an.

17. Februar 1988

Hans S. rüttelt an allen Türen der Station. Er will „raus“. Auf die Frage, wohin, bleibt er die Antwort schuldig. Er rüttelt weiter. Ein geordnetes Gespräch ist nicht mehr möglich. Ohne äußeren Anlaß lacht oder weint er gelegentlich.

28. Februar 1988

Immer noch in der Klinik.

Hans S. kann kein vernünftiges Wort mehr aussprechen. „Wewewewe“ artikuliert er immer wieder. Er hat die Kontrolle über Stuhl und Wasser verloren.

Hans S. wird in ein Altenpflegeheim verlegt.

16. Juni 1988

Hans S. verstirbt.

2. Die Zunahme von Alterskrankheiten

Seit Beginn der 2. Hälfte dieses Jahrhunderts entwickeln sich gewaltige Umschichtungen in der Altersstruktur der Bevölkerungen der hochzivilisierten Industrienationen. Bedingt durch eine gestiegene und weiter steigende Lebenserwartung und den Geburtenrückgang nimmt der Anteil der Älteren an der Gesamtbevölkerung ständig zu. Die heutige und höchstwahrscheinlich mehr noch die zukünftige Gesellschaft der Industriestaaten ist geprägt durch eine Vergreisung der Bevölkerung. Der medizinische Fortschritt hat die Eindämmung und zum Teil sogar die fast gänzliche Ausrottung lebensgefährlicher Krankheiten möglich gemacht; er hat gleichzeitig mit dazu beigetragen, daß Menschen zunehmend älter werden. Zur Zeit sind etwa 15% der Bevölkerung in den Ländern Europas über 65 Jahre alt. Obwohl in Zukunft zumindest in der Bundesrepublik Deutschland mit einem Bevölkerungsrückgang zu rechnen ist, wird der prozentuale Anteil der Älteren an der Gesamtbevölkerung weiter zunehmen.

Altern ist prinzipiell von somatischem und zum

Teil auch psychischem Abbau begleitet; damit wird auch die Zahl der Personen steigen, welche von Alterskrankheiten, insbesondere des Herz-Kreislaufsystems und des Gehirnes, betroffen sind und die einer weitreichenden medizinischen, psychologischen und sozialen Betreuung bedürfen. Dies wird die Gesundheitsdienste, die Einrichtungen der Altenhilfe und die betroffenen Familien vor große Probleme stellen. Eine ganz besondere Herausforderung für die Medizin, Sozialdienste und Bezugspersonen stellen dabei alterskorrelierte Hirnabbauerscheinungen dar. Aber auch Altersdepressionen und zum Teil temporäre Übergangs- und Grenzfälle zwischen „gesund“ und „abnorm“ treten zunehmend häufig auf und bedürfen einer sicheren Diagnostik und Therapie.

Unter den Alterskrankheiten des Gehirns nehmen die Demenzen primär degenerativer und vaskulärer Genese einen besonderen Rang ein. Rund 90% aller „primären Demenzen“ entfallen auf die beiden zahlenmäßig herausragenden Gruppen der „Demenz vom Alzheimer Typ“ (DAT; auch als „Alzheimersche Krankheit“ oder „Morbus Alzheimer“ bezeichnet) und der „Demenz vom vaskulären Typ“ (DVT; oder „Multi-Infarkt-Demenz“, MID). Die Demenz vom Alzheimer Typ herrscht mit 60 bis 70% vor, die Demenz vom vaskulären Typ macht 20 bis 30% aus, und der Anteil einer gemischten Gruppe liegt bei 15 bis 20%.

Bei etwa 10 bis 20% der dementiellen Erkrankungen finden sich „sekundäre Demenzen“, d.h.

Erkrankungen, die auf potentiell reversiblen Ursachen beruhen und damit auch jetzt schon prinzipiell behandelbar sind.

In der Bundesrepublik beträgt die Zahl der Krankheitsfälle bei vorsichtiger Schätzung etwa eine Viertelmillion, wobei 80% der Erkrankten nicht in einer Institution untergebracht sind, sondern von ihren Angehörigen versorgt werden.

3. Epidemiologie der Demenzen

Um einen Eindruck vom Versorgungsbedarf zu bekommen, der in der Bevölkerung im mittleren und höheren Lebensalter aufgrund von Demenzerkrankungen besteht, kann man die Prävalenzrate bestimmen, d.h. die Diagnosehäufigkeiten zu einem bestimmten Zeitpunkt bezogen auf die Population. Hierzu werden die Morbiditätsraten anhand von Stichproben ermittelt, die für die Bevölkerung in diesen Lebensphasen repräsentativ und nicht vom Umfang des Versorgungsangebotes oder dessen Inanspruchnahme beeinflußt sind. Bei einer ausgeprägten Demenz ist eine selbständige Lebensführung zumeist nicht mehr möglich und damit im allgemeinen auch eine Unterbringung in Institutionen erforderlich, wodurch prinzipiell eine vergleichsweise einfache diagnostische Klassifizierung möglich ist.

Aufgrund einer Reihe von Studien ergibt sich folgendes Bild:

Gegenwärtig sind fast 10 Millionen der bundesdeutschen Bevölkerung über 65 Jahre alt, ein Viertel von ihnen gilt als psychisch krank. Der

Anteil von Personen dieser Altersgruppe, der an mittelschweren und schweren Formen dementieller Erkrankungen leidet, wird auf 3% bis 8% geschätzt. Mit wachsendem Lebensalter nimmt er rapide zu (20% bei 80jährigen, 33% bei über 90jährigen; vgl. Abb. 1).

Über die Prävalenz der präsenilen, vor dem 60. Lebensjahr auftretenden Demenzen ist bislang relativ wenig bekannt. Quantitativ spielen sie eine eher untergeordnete Rolle, da sich die Prävalenzraten in einer Größenordnung von weniger als 0,1 Prozent bewegen. Für morphologische und pathobiochemische Untersuchungen sind sie jedoch von besonderem Interesse.

Bei Betrachtung der im späten Lebensalter auftretenden und leichteren Fälle von Demenz zeigen sich in den verschiedenen Studien nicht immer einheitliche Ergebnisse. Die Prävalenzraten in der Bevölkerung über 65 Jahre variieren zwischen 5 und 20 Prozent, was auf eine sehr heterogene Gruppenzusammensetzung hindeutet. Diagnostisch schwierig ist dabei die Abgrenzung beginnender Demenzen mit leichten Verlaufsformen von vorbestehenden intellektuellen Beeinträchtigungen und von funktionellen psychischen Störungen. Nach einer zusammenfassenden Schätzung ist die Prävalenz milder Demenzen mit etwa 11 Prozent der Altenbevölkerung zu veranschlagen.

Alles in allem verdeutlichen diese Zahlen die enorme Bedeutung diagnostischer und therapeutischer Maßnahmen zur Erfassung und Behandlung

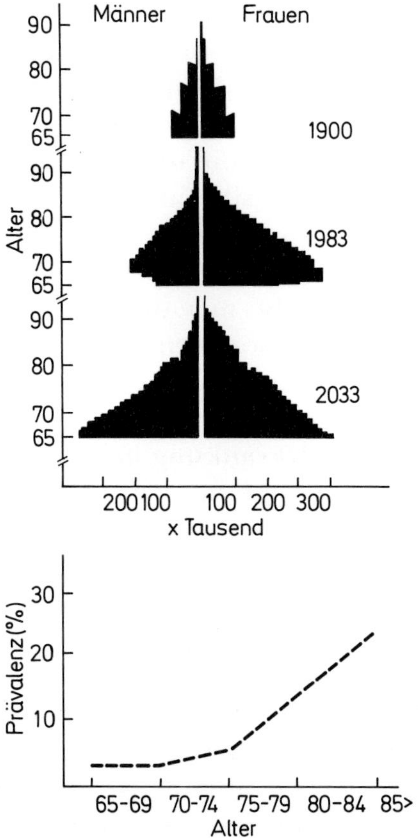

Abbildung 1: Oben: Altersaufbau der über 65 Jahre alten Bevölkerung des Deutschen Reiches (1900), der Bundesrepublik Deutschland (1983) und der prognostizierten bundesrepublikanischen Bevölkerung im Jahre 2033. Unten: Prävalenzrate dementieller Erkrankungen in der Bundesrepublik Deutschland. (Quellen: Abb. 3 von H. Häfner „Sind psychische Krankheiten häufiger geworden?“ Nervenarzt, 1985, 56, 120-133; Der Spiegel, Jahrgang 40, Heft 49, 1986, Abb. auf S. 69)

dementieller Erkrankungen. Sie belegen weiterhin, wie wichtig es ist, Risikofaktoren aufzudecken und geeignete Behandlungsformen zu entwickeln bzw. bereits vorhandene zu verfeinern.

Um das Vorhandensein und die Auftretenswahrscheinlichkeit von Risikofaktoren in der Bevölkerung abschätzen zu können, kann nicht allein auf Prävalenzstudien zurückgegriffen werden, da die Prävalenzraten nicht nur durch die Anzahl der Neuerkrankungen, sondern vor allem durch die Krankheitsdauer determiniert werden. Die Bestimmung der Inzidenz, d.h. der Häufigkeit des Neuauftretens einer Erkrankung in einem bestimmten Zeitraum in der Population, stößt aber auf wesentlich größere methodische Probleme. Inzidenzraten sind nur durch aufwendige Längsschnittuntersuchungen an umfangreichen Stichproben zu ermitteln. Die Art der Diagnoseermittlung ist dabei eine wesentliche Einflußgröße. Neuerkrankungen, die über den Erstkontakt mit einer Behandlungs- oder Versorgungseinrichtung registriert werden, bilden keine verläßliche Grundlage für die Abschätzung des Erkrankungsrisikos. Die Selektionsfaktoren, welche dazu beitragen, ob medizinische Hilfe in Anspruch genommen wird oder nicht, sind weitgehend unbekannt. Außerdem ist der Krankheitsprozeß in der Regel bei dem Erstkontakt mit einer medizinischen Einrichtung schon weit fortgeschritten. Die derart ermittelte Behandlungsinzidenz schwankt zwischen 1,9 und 3,5 pro 1000 der über 65jährigen im Jahr. Hierbei steigt die Inzidenzrate von etwa 1 pro 1000 bei 60- bis 69jährigen auf durchschnittlich rund 10 pro 1000 bei den über 80jährigen im Jahr. Tendenziell überwiegen die Inzidenzraten der Männer die der Frauen.

Das tatsächliche Erkrankungsrisiko konnte in Feldstudien aber als wesentlich höher ermittelt werden. So fand sich in Newcastle upon Tyne eine jährliche Inzidenzrate von 1,5 Prozent. In einer anderen Studie, die den Zeitraum von 1947 bis 1972 umfaßte, ergab sich für den ersten Untersuchungszeitraum von 1947 bis 1957 eine Jahresinzidenz von 1,6 Prozent und für den zweiten Zeitraum von 1958 bis 1972 eine Jahresinzidenz von 1,1 Prozent. Auf der dänischen Insel Samsö erkrankten jährlich 1,2 Prozent der älteren Einwohner an einer Demenz.

Das wesentliche Resultat aller Inzidenzstudien ist die enge Abhängigkeit des Erkrankungsrisikos vom Lebensalter. Die Befunde deuten dabei auf ein exponentiell anwachsendes Erkrankungsrisiko bis zum Ende der Lebensspanne hin. Eine Diskontinuität in den altersspezifischen Inzidenzen, welche auf voneinander unabhängige Krankheitsprozesse bei senilen und präsenilen Demenzen deuten könnte, ließ sich nicht beobachten. Aus dem Vergleich der Inzidenzraten der zwei Untersuchungszeiträume der o. g. Langzeitstudie von 1947 bis 1972 ergab sich eine interessante Hypothese. Die Abnahme der Inzidenzrate der Jahre 1947 bis 1957 von 1,6 Prozent auf 1,1 Prozent für die Jahre 1957 bis 1972 ließ den Schluß zu, daß verbesserte Lebensbedingungen einen Einfluß auf das Erkrankungsrisiko haben könnten. Jedoch wurden methodische Unterschiede bei der diagnostischen Klassifizierung zwischen den beiden Untersuchungszeiträumen nicht berücksichtigt. Außerdem ist es bisher nicht gelungen, Indikatoren unterschiedlicher Lebensbedingungen ausfindig zu machen, welche mit dem Erkrankungsrisiko in Zusammenhang stehen. Daher bedarf diese Hypothese noch genauerer Abklärung.

4. Formen der Demenz

Ihrer Auftretenshäufigkeit entsprechend läßt sich eine grobe Unterteilung der Demenz in 4 Gruppen, wie sie Tabelle 1 zeigt, vornehmen.

Tabelle 1: Grobeinteilung der Formen seniler Demenz

I.	Senile Demenz vom Alzheimer Typ (SDAT)	› 50%
II.	Demenz vom vaskulären Typ (DVT) oder Multi-Infarkt-Demenz (MID)	ca. 15%
III.	Mischformen (MID/SDAT)	ca. 25%
IV.	Andere Formen (s. Tabelle 3)	ca. 10%

4.1. Alzheimersche Krankheit

Die Alzheimersche Krankheit wurde früher unterteilt in eine im Senium und eine im Präsenium auftretende Form; diese Unterteilung wird heute, insbesondere im angloamerikanischen Sprachraum, weitgehend aufgegeben, obwohl neuerdings

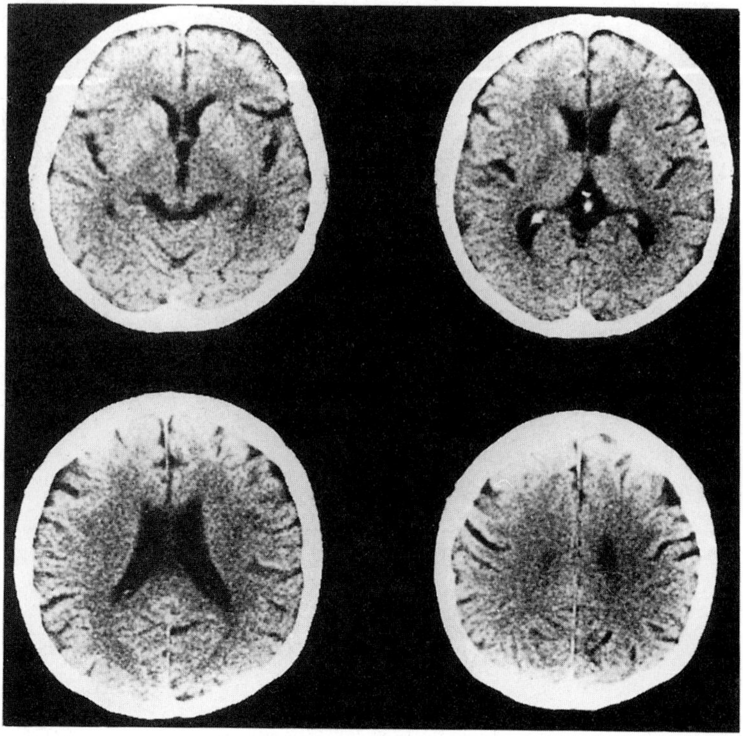

Abbildung 2a: Leichte Demenz

Abbildung 2a-c: Computertomographische Bilder von Patienten mit leichter (a), mittelschwerer (b) und schwerer Demenz vom Typus Alzheimer (Quelle: Figs. 2, 3, und 4 von Arai et al., 1983. A computed tomography study of Alzheimer's disease. Journal of Neurology, 229, 69-77.)

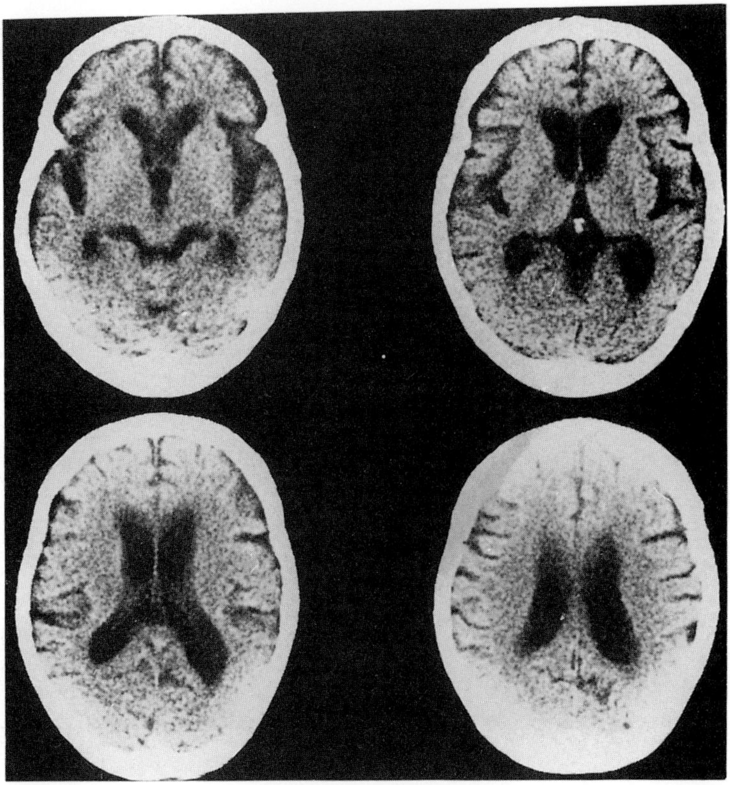

Abbildung 2b: Mittelschwere Demenz

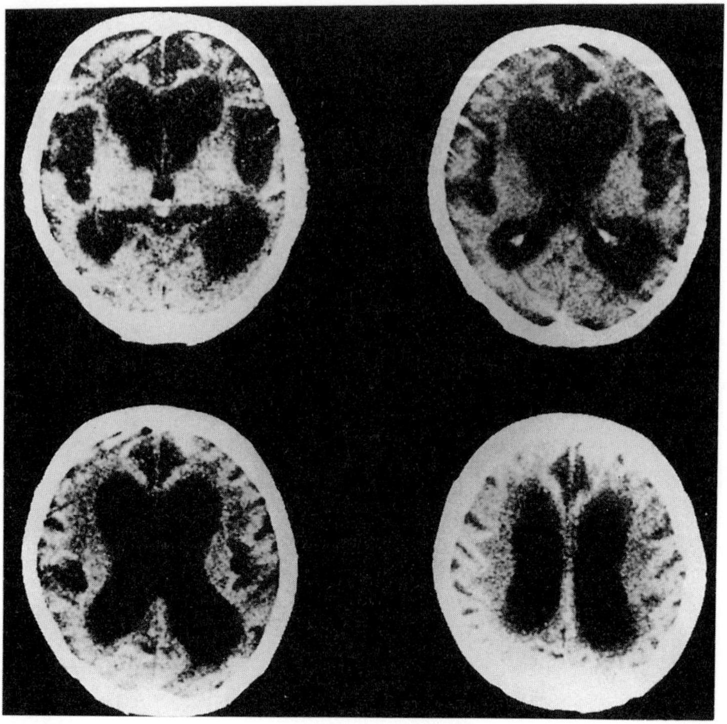

Abbildung 2c: Schwere Demenz

wieder eine Differenzierung begründbar erscheint, bei der primär hereditäre Ursachen für das Entstehen der präsenilen Form und eher umweltbedingte Faktoren für das der senilen angenommen werden (s. a. Kap. 6.).

Die nach Alois Alzheimers Entdeckung von 1906 mit seinem Namen benannte, häufigste Form der Altersdemenz ist durch eine irreversible degenerative Hirnerkrankung kennzeichenbar, wobei die Grunderkrankung (noch) nicht bekannt ist. Die hirnatrophischen Änderungen (s. Abb. 2 a–c) gehen einher mit einem kontinuierlich progressiven Abbau intellektuell-kognitiver und sozialer Leistungen (Wortfindungsstörungen, Vergesslichkeit, Sprachstörungen bis zu einem vollständigen Verlust der Sprache und einem Dahindämmern ohne reflektiertes Bewußtsein).

Der Verlauf der Alzheimerschen Krankheit wird von B. Reisberg, einem der führenden Fachleute auf dem Gebiet der Alzheimerschen Krankheit, in 7 Stadien untergliedert, die aus Tabelle 2 ersichtlich sind.

Die vielfältigen Hypothesen über mögliche Ursachen der Alzheimerschen Krankheit sind in Abbildung 3 schematisch dargestellt.

Gegenwärtig werden die bei der Alzheimerschen Krankheit auftretenden kognitiven Symptome vor allem mit einem Mangel an dem Neurotransmitter Azetylcholin in Verbindung gebracht (s. Kap. 5.). Dieser massive Mangel tritt vor allem in den Regionen auf, in denen die Ausbildung der charak-

Tabelle 2: Stadien der Alzheimerschen Krankheit

Stadien kognitiven Verfalls	Klinische Phase	Funktionelle Charakteristika
1. Kein kognitiver Verfall	Normal	Funktioneller Verfall weder subjektiv noch objektiv manifest
2. Sehr milder kogn. Verfall	Vergesslichkeit	Schwierigkeiten, Dinge wiederzufinden; subjektive Arbeitsschwierigkeiten
3. Milder kognitiver Verfall	Frühes Stadium der Konfusion	Leistungsabnahme im Beruf; Schwierigkeiten, sich örtlich zu orientieren
4. Mäßiger kognitiver Verfall	Spätes Stadium der Konfusion	Abnehmende Fähigkeit zur Ausführung komplexer Aufgaben; Schwierigkeiten im Umgang mit Geld
5. Mäßig schwerer kognitiver Verfall	Frühe Demenz	Hilfestellung beim Ankleiden und u. U. beim Baden nötig

Stadien kognitiven Verfalls	Klinische Phase	Funktionelle Charakteristika
6. Schwerer kognitiver Verfall	Mittelschwere Demenz	(a) Schwierigkeiten beim korrekten Ankleiden (b) Hilfe beim Baden nötig (c) Unfähigkeit zu selbständigem Toilettengang (d) Urininkontinenz (e) Fäkale Inkontinenz
7. Schwerster kognitiver Verfall	Späte Demenz	(a) Sprachfähigkeit auf 1-5 Wörter beschränkt (b) Keine sprachliche Verständigung mehr möglich (c) Verlust motorischer Fähigkeiten (d) Stupor (e) Koma

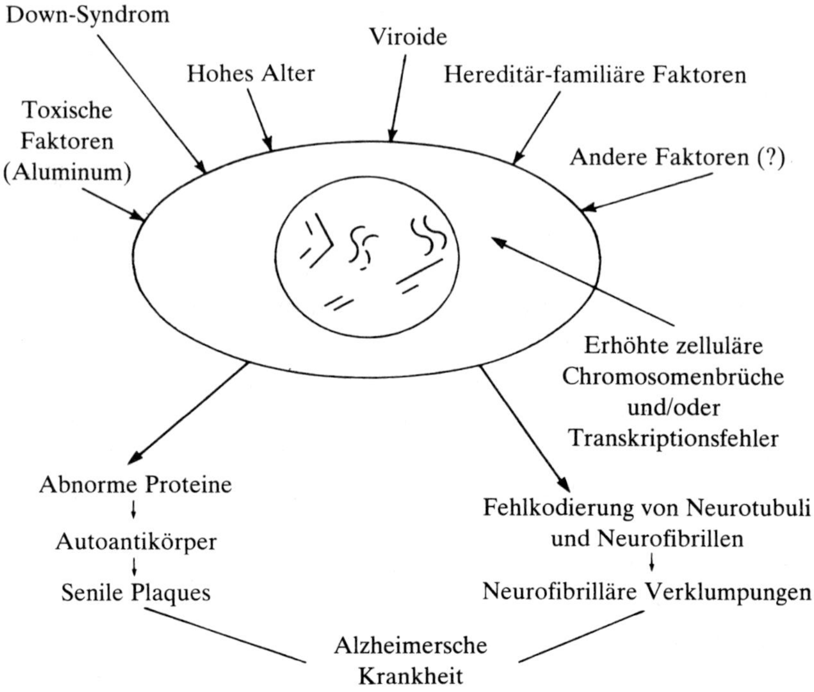

Abbildung 3: Mögliche Ursachen der Alzheimerschen Demenz. (nach Abb. 3.1., S. 73 aus Reisberg, B., 1986. Hirnleistungsstörungen: Alzheimersche Krankheit und Demenz. München und Weinheim, Psychologie Verlags Union).

teristischen histopathologischen Veränderungen, d.h. von Plaques (Drusen) und Fibrillenbündeln (Abb. 4) am stärksten ist, nämlich in den Assoziationsgebieten der Großhirnrinde, Teilen der Basalganglien und der hippokampalen Formation sowie in den Regionen des basalen Vorderhirns (Abb. 5). Vor allem in letzteren finden sich auch die Nervenzellen, die Azetylcholin als Transmitter enthalten und über ihre Axone Informationen in die anderen obengenannten Hirnbereiche entsenden.

Abbildung 6 veranschaulicht vereinfacht die Synthese von Azetylcholin und weist gleichzeitig auf das Enzym Cholinazetyltransferase hin, das für die Bildung von Azetylcholin essentiell ist und das für den Mangel an Azetylcholin in den Hirnen von Alzheimerpatienten verantwortlich gemacht wird.

Obwohl die Zusammenhänge und möglichen zeitlichen Wechselwirkungen zwischen reduzierter Azetylcholinausschüttung, Neuronendegeneration (insbesondere in der Großhirnrinde) und dem Verlauf der Alzheimerschen Krankheit noch ungenügend entschlüsselt wurden, kann man in Behandlungsstrategien, die die Arbeitsweise cholinerger Neurone beeinflussen, einen bedingt erfolgversprechenden pharmakotherapeutischen Ansatz sehen (vgl. Kap. 8.1. Pharmako-Therapie).

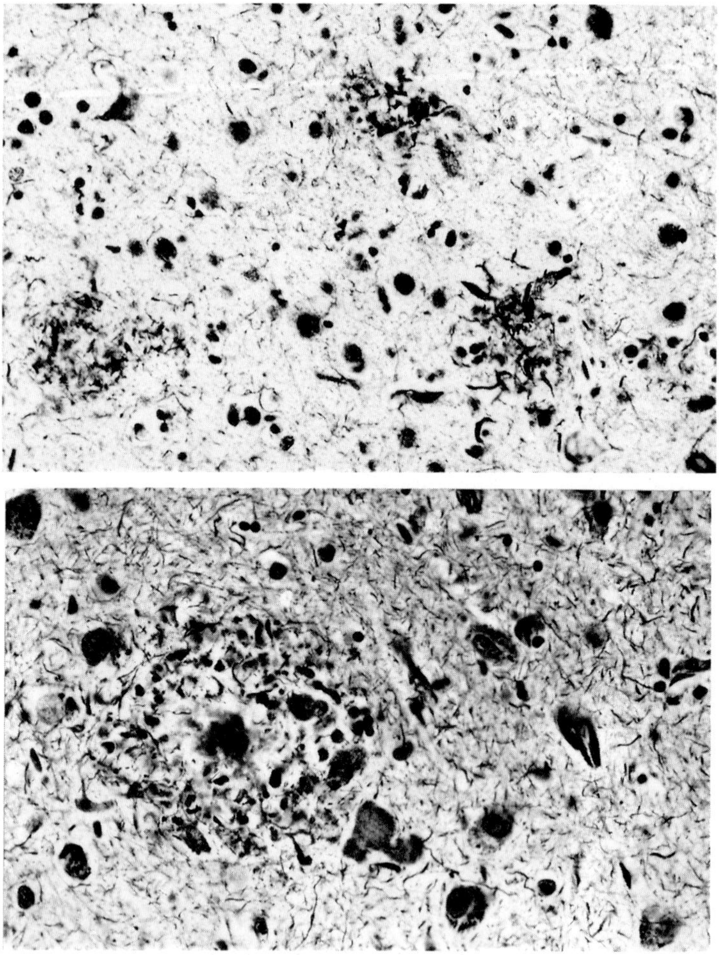

Abbildung 4a: Darstellung seniler Plaques, wie sie für die Hirnrinde von Alzheimer-Patienten typisch sind.
Unten: Seniler Plaque mit deutlichem Amyloidkern. In der Umgebung (rechts) Alzheimersche Fibrillenveränderungen. Bodian-Imprägnation (×300).

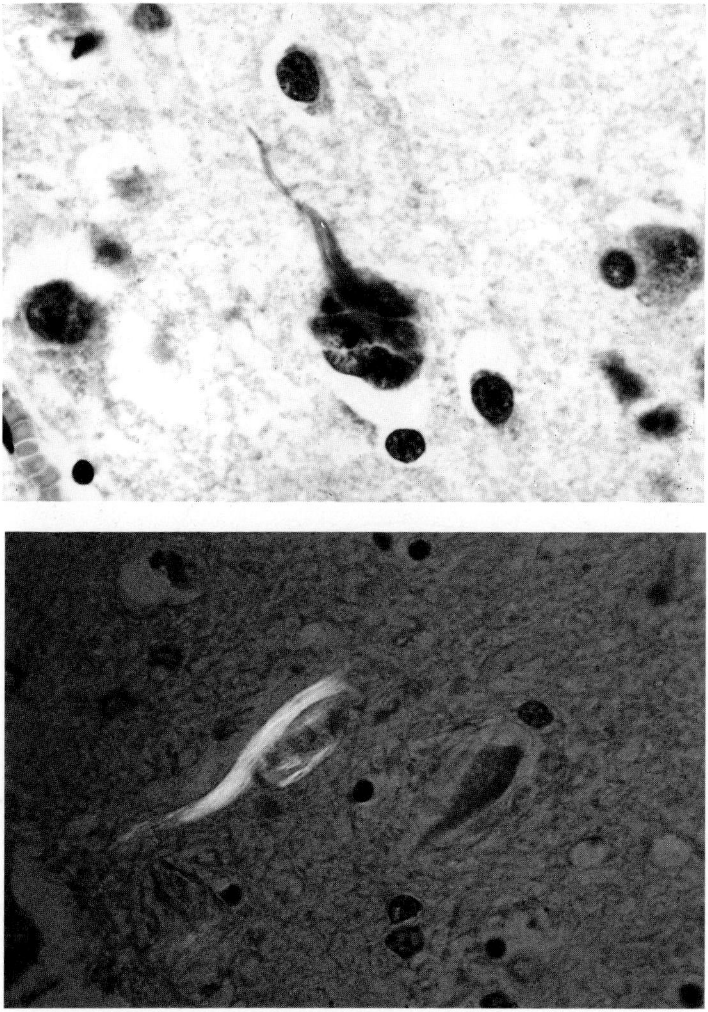

Abbildung 4b: Darstellung von Neurofibrillen, wie sie für die Hirnrinde von Alzheimer-Patienten typisch sind.

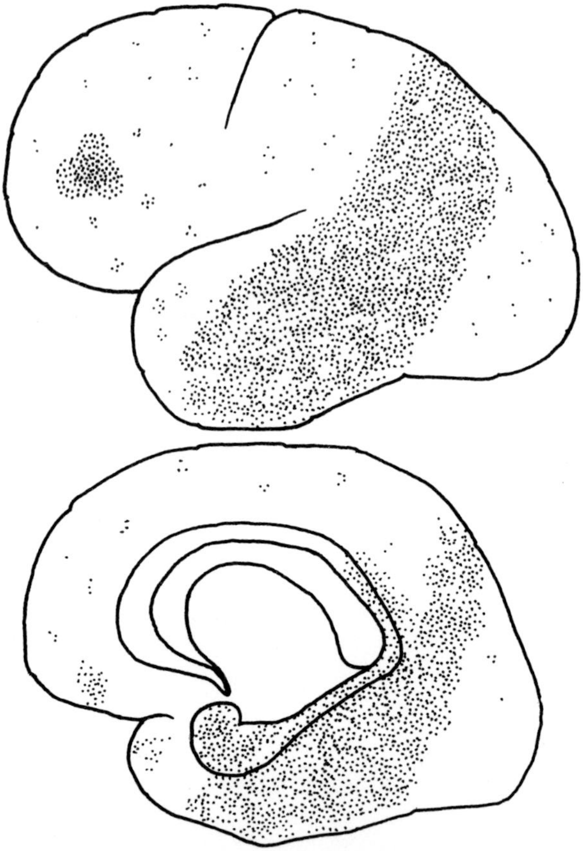

Abbildung 4c: Typische Verteilungsmuster von Veränderungen wie der Bildung von senilen Plaques, Neurofibrillenbündeln, Gliosis, Nervenzellverlusten u. ä. im Gehirn von Alzheimer-Patienten in Lateral- (oben) und Medialanasicht (unten). (Quelle: Brun, A., Englund, D. E., 1986. A white matter disorder in dementia of the Alzheimer type. A pathoanatomical study. Annals of Neurology, 19, 253-262.)

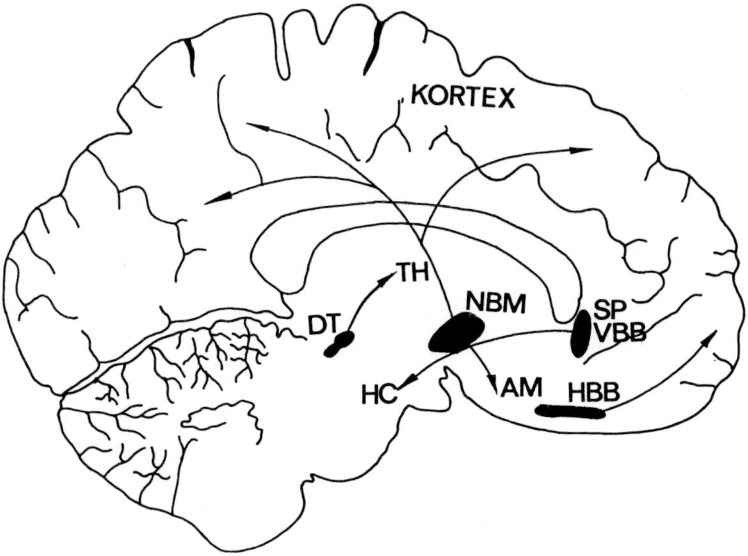

Abbildung 5a: Schematisiert dargestellte Medialansicht des Gehirns. Gezeigt wird die ungefähre Lage cholinerger Zellgruppen und deren Projektionsbahnen. Abkürzungen: AM, Amygdala; DT, dorsales Tegmentum; HBB, horizontales Band von Broca; HC, hippokampale Formation; NBM, Nucleus basalis Meynert; SP, Septum; TH, Thalamus; VBB, vertikales Band von Broca.

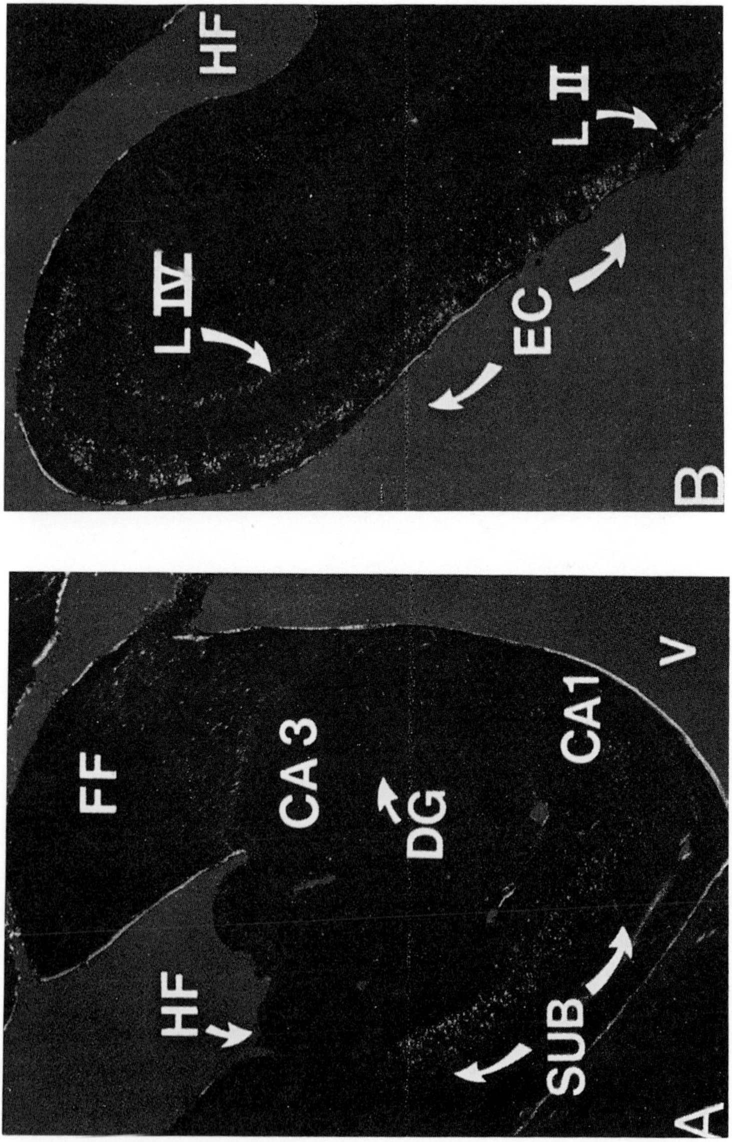

A
HF
FF
CA 3
DG
CA1
V
SUB
B
HF
L IV
L II
EC

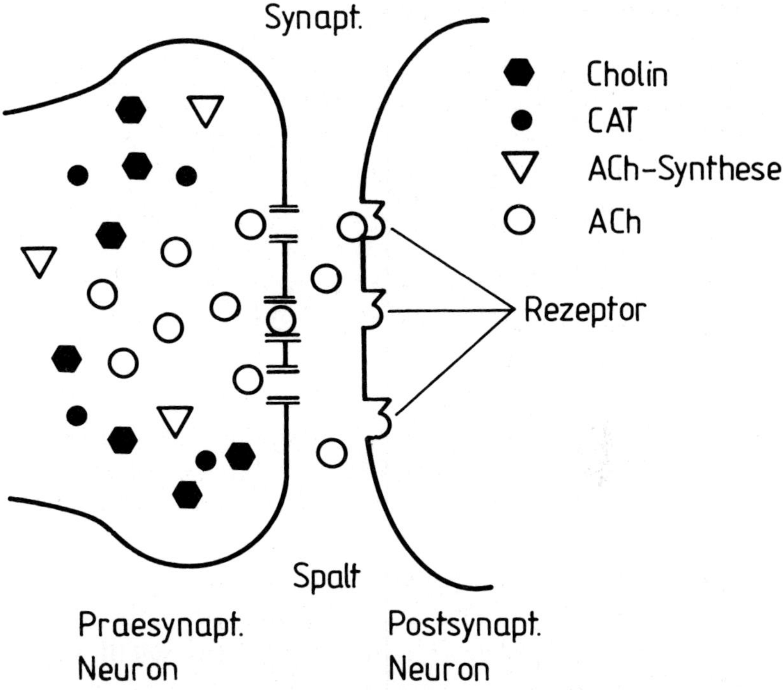

Abbildung 6: Vereinfachte schematische Darstellung der Synthese von Azetylcholin (in Anlehnung an Abb. 10, S. 92 von Wurtman, 1985).

◀ *Abbildung 5b:* Verteilung von Neurofibrillen im Gehirn eines Patienten, der an der Alzheimerschen Krankheit verstarb; dargestellt sind Neurofibrillen, wie sie insbesondere in Teilen der hippokampalen Formation, dem Subiculum (SUB) und dem entorhinalen Kortex (EC) auftreten. (Quelle: Fig. 2 von Hyman et al., 1984. Alzheimer's disease: Cell-specific pathology isolates the hippocampal formation. Science, 225, 1168-1170.)

4.2. Multi-Infarkt-Demenz

Die Multi-Infarkt-Demenz (MID) oder Demenz vom vaskulären Typ (DVT) wird im allgemeinen auf arteriosklerotische Prozesse der kleinen intrazerebralen Blutgefäße zurückgeführt, die das Gehirn versorgen. Eine Arteriosklerose der großen extrazerebralen Blutgefäße ist in der Regel nicht – wie früher häufig vermutet – Ursache der MID. Wie der Name sagt, ist die MID bedingt durch die zunehmende Häufung zerebraler Infarkte (unterschiedlichen Ausmaßes) und die damit einhergehende Zerstörung von Hirngewebe. Myokardinfarkte und andere kardial bedingte Krankheiten (z.B. Angina pectoris), bei denen die Arteriosklerose mitwirkt, Hypertonie und periphere vaskuläre Erkrankungen, Diabetes mellitus, transitorische ischämische Attacken, aber auch Übergewicht und Nikotingenuß gelten als Risikofaktoren.

Die MID und die Alzheimersche Krankheit unterscheiden sich vor allem durch ihren Verlauf (Abb. 7) und durch den (mittleren) Zeitpunkt ihres Auftretens, der für die MID vergleichsweise früh bei 40 bis 60 Jahren liegt. Männer sind von der MID häufiger betroffen als Frauen, während Frauen eher unter dem Morbus Alzheimer zu leiden haben.

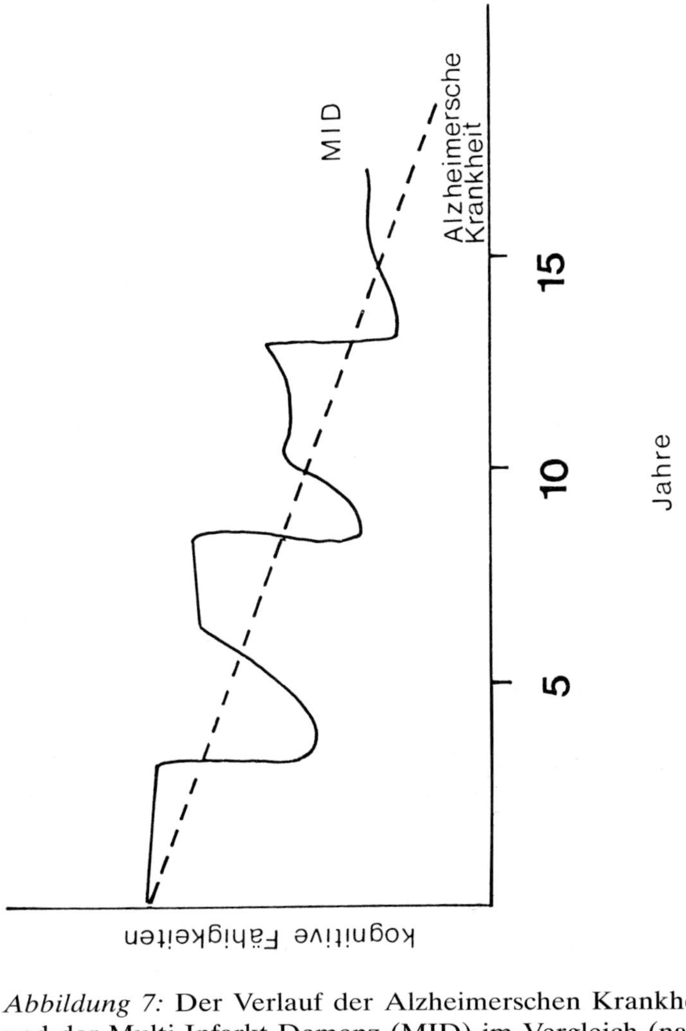

Abbildung 7: Der Verlauf der Alzheimerschen Krankheit und der Multi-Infarkt-Demenz (MID) im Vergleich (nach Abb. 4.1., S. 93 von Reisberg, B., 1986. Hirnleistungsstörungen: Alzheimersche Krankheit und Demenz. Weinheim und München, Psychologie Verlags Union.

4.3. Pseudodemenz

Neben Alzheimer-Demenz, MID und Mischformen dieser beiden tritt vor allem die meist durch Depression bedingte Pseudodemenz bei alten Menschen auf, welche bis zu 10% der Demenzzustände ausmacht.

4.4. Andere Formen

Wie bei Alzheimerpatienten kann es auch in den Hirnen von Parkinson-Patienten zur Ausbildung neurofibrillärer Verklumpungen und Plaques kommen. Offensichtlich gibt es unter den Parkinson-Kranken eine Gruppe, bei der diese Krankheit mit Demenz einhergeht.

Weitere zur Demenz führende Krankheitsformen, wie z.B. Hydrozephalus und bestimmte Virusinfektionen („slow-virus"), sind summarisch in Tabelle 3 dargestellt.

Tabelle 3: Klinische Klassifikation der Demenzprozesse (nach Lauter, 1980)

Untergruppe	Beispiele
Primär-degenerative Demenzen	Senile Demenz Alzheimersche Krankheit Picksche Krankheit Parkinsonsche Krankheit Chorea Huntington
Vaskuläre Demenzen	Multi-Infarkt-Demenz Hypoxische, anoxische Hirnschädigungen Zerebrovaskuläre Insuffizienz
Infektionskrankheiten	Progressive Paralyse Herpes-simplex Enzephalitis Creutzfeldt-Jacob-Krankheit
Entmarkungskrankheiten	Multiple Sklerose
Chromosomenerkrankungen	Down-Syndrom
Traumatische Hirnschädigungen	Hirnkontusionen Dementia pugilistica
Tumoren	Hirntumoren

Untergruppe	Beispiele
Hydrozephalus	Verschlußhydrozephalus Kommunizierender Hydrozephalus
Stoffwechselerkrankungen	Niereninsuffizienz Schilddrüsenerkrankungen Nebennierenerkrankungen
Mangelkrankheiten	Pellagra Vitamin-B12-Mangel Folsäuremangel
Intoxikationen	Medikamente Alkohol Kohlenmonoxid Schwermetalle Organische Lösungsmittel

5. Die Demenz vom Alzheimer Typ

Die Demenz vom Alzheimer Typ wirkt sich auf alle menschlichen Fähigkeiten aus. Die einzelnen Fähigkeiten sind im allgemeinen aber nicht gleichzeitig betroffen; auch eine feste Abfolge in Hinblick auf den Befall der verschiedenen Bereiche läßt sich nicht immer nachweisen. Einige Fähigkeiten sind jedoch besonders stark und besonders früh im Verlauf dieser langsam fortschreitenden Erkrankung betroffen, so daß sich die Erforschung der Ursachen der Erkrankung meist auf die herausragenden Defizite im Bereich des Gedächtnisses und der Orientierung konzentriert hat, die aber nur einen kleinen Teil des dementiellen Syndroms bei der Demenz vom Alzheimer Typ ausmachen.

Der Beginn der Erkrankung ist schleichend und für Außenstehende zunächst nicht erkennbar. Bei den Betroffenen können eine ganze Reihe von Symptomen auftreten. Kopfschmerzen, diffuser Schwindel, Müdigkeit und Konzentrationsschwäche sind Zeichen des Krankheitsbeginns. Sie sind so unspezifisch, daß eine diagnostische Zuordnung zu diesem Zeitpunkt so gut wie unmöglich ist.

Die mittleren Stadien der Erkrankung sind im wesentlichen durch Veränderungen in Kognition, Gedächtnis, Orientierung, Persönlichkeit, Emotion, Sprache und Motorik gekennzeichnet. Nach dem unspezifischen Beginn stellen sich erste intellektuelle Defizite ein. Der Betroffene bemerkt ein nachlassendes Erinnerungsvermögen, nachlassende Merkfähigkeit, Schwierigkeiten, sich in bekannten, aber weiter entfernt liegenden Städten zurechtzufinden und abnehmende organisatorische Fähigkeiten. Zu dieser Zeit werden die Symptome der Erkrankung häufig erstmals von Angehörigen wahrgenommen. Allerdings ordnen die Angehörigen und der eventuell angesprochene Arzt die Erkrankung in diesem Stadium nur selten richtig ein, denn eine „erhaltene Persönlichkeitsfassade" täuscht über die Grunderkrankung hinweg. Während der Betroffene über seine nachlassenden Fähigkeiten grübelt und sich darüber Sorgen macht, wirkt er für Angehörige und Arzt oft „depressiv", abgearbeitet oder „in den Wechseljahren". Vielfach bäumt sich der Betroffene auch gegen die Erkrankung auf. Er übt die nachlassenden Fähigkeiten und schreibt sich Zettel zu den wesentlichen an ihn herangetragenen Fragen.

Im weiteren Verlauf der Erkrankung verlieren sich die Fähigkeiten in einzelnen Bereichen gänzlich. Gelegentlich finden sich zwar auch in späten Stadien der Erkrankung noch lichte Momente, sie ändern aber nichts an der unaufhaltbaren Progredienz. Entsprechend den pathologischen Befunden fallen zuerst temporo-parietal und frontal gelegene Leistungsbereiche aus. Schließlich werden aber auch alle anderen Regionen des Gehirns von den typischen Veränderungen betroffen. Ohne äußere Einflüsse würde die Krankheit erst durch den Befall lebenswichtiger motorischer Bereiche (Atemmuskulatur) oder zentraler Steuerzentren der vitalen Funktionen im Hirnstamm zum Tode führen. Die Bettlägerigkeit und die damit verbundene Abwehrschwäche führen jedoch meist vorher zu Infektionen, die das Leiden beenden.

Die Abgrenzung gegenüber anderen dementiellen Erkrankungen gestaltet sich meist schwierig. Eine Reihe von Anhaltspunkten in der Symptomatik geben jedoch differentialdiagnostische Hinweise. So ist gegenüber der Demenz vom vaskulären Typ der schleichende langsam progrediente Verlauf der Demenz vom Alzheimer Typ hervorzuheben. Bei der Demenz vom vaskulären Typ findet sich meist eine stufenweise Verschlechterung in Folge eines vaskulären Ereignisses, danach regeneriert sich ein Teil der Verluste, bis schließlich ein neues vaskuläres Geschehen eine weitere Verschlechterung mit sich bringt. Zur Differentialdiagnose bieten sich hier insbesondere die Computertomographie und die Messung der Hirndurchblutung sowie die Positronen-Emissions-Tomographie an (s. Kapitel 8).

In den frühen Stadien bereitet auch die Unterscheidung von der Depression gelegentlich Schwierigkeiten. Zur Abgrenzung bieten sich neben den Hirnfunktionsuntersuchungen (topographische EEG-Analyse, HMPAO-SPECT und PET, s. Kapitel 8) exakte Symptombeschreibungen an. So klagt der Depressive häufig über nicht vorhandene Schwächen, der Demente dagegen versucht, vorhandene Schwächen zu beseitigen oder zu verdekken. Orientierungsstörungen sind bei Depressiven meist nicht in dem Ausmaß wie bei Dementen zu finden.

Eine genaue Verhaltensanalyse, verbunden mit einer psychologischen Testung der einzelnen Funktionsbereiche, kann oft zu einer differentialdiagnostischen Entscheidung auch schon in frühen Stadien der Erkrankung führen.

5.1. Symptomatik

Persönlichkeit und Emotion

Meist ist es nicht einmal die Vergeßlichkeit, die die Angehörigen aufhorchen läßt. Vielmehr sind es damit verbundene Veränderungen in der Persönlichkeit und im Gefühlsleben. Oft verschärfen sich vorhandene Persönlichkeitszüge oder kehren sich ins Gegenteil. So können vorher ruhige und geordnete Betroffene unruhig und ziellos werden, aber es findet sich gelegentlich auch eine Passivität mit Rückzug aus dem sozialen Leben nach vorher aktivem Lebenswandel. Nahezu alle Betroffenen fallen durch eine „Flucht vor dem Konkreten“ auf. Gezielte Fragen beantworten sie meist mit Allgemeinplätzen und weichen aus. Im Laufe der Erkrankung bilden sich im wesentlichen vier verschiedene Persönlichkeitszüge heraus:

- Ein Großteil der Erkrankten ist von einer untrübbar und zugleich unverbindlich wirkenden Freundlichkeit gekennzeichnet. Das Vergessen unangenehmer neuer Erlebnisse sofort nach ihrem Auftreten unterstützt diesen Persönlichkeitszug in späteren Stadien der Erkrankung.
- Eine weitere, leider ebenfalls recht häufige Persönlichkeitsvariante zeichnet sich durch zunehmende Aggressionen aus, die oft aus der unzureichenden Einschätzungsmöglichkeit für eigene Fähigkeiten heraus erwächst. So kann es zum Beispiel für einen Angehörigen ausgesprochen schwierig sein, den Betroffenen von der einundachtzigsten Zigarette an einem Tag abzuhalten, wenn dieser glaubt, es handele sich um die erste.
- Steht die Desorientierung im Vordergrund, so entwickelt sich häufig eine Rastlosigkeit und Unruhe. Der Betroffene läuft ziellos auf und ab oder im Kreise. Türen erregen sein besonderes Interesse. Dabei steht das Benutzen der Tür im Vordergrund, unabhängig davon, was sich dahinter befindet. Im Verlauf der Erkrankung kann ein daraus resultierendes „Verirren“ lebensgefährlich werden, wenn z.B. im Winter der Weg nach Hause nicht mehr gefunden wird.

– Die Gedächtnisstörung zeigt besondere Gefahren, wenn sie gemeinsam mit einer mißtrauischen Persönlichkeitsvariante auftritt. Der Betroffene beschuldigt dabei z. B. oft Angehörige oder Fremde, ihm Gegenstände (an deren Aufbewahrungsort er sich nicht mehr erinnert) gestohlen zu haben bzw. ihn durch das Wegnehmen verwirren zu wollen. In späteren Stadien kann sich der dabei auftretende soziale Rückzug als schweres Pflegehindernis erweisen.

Orientierung

Die Orientierungsstörungen bei der Demenz vom Alzheimer Typ entwickeln sich entlang einer Orientierungshierarchie. Sie beginnen mit Störungen in der Orientierung zu Zeit und Raum. Erst im weiteren Verlauf sind situative und schließlich die Orientierung zur eigenen Person von der Erkrankung betroffen. Innerhalb der einzelnen Orientierungsbereiche läßt sich ein weiteres hierachisches System nachweisen. Mit der Schwere der Erkrankung weitet sich die zeitliche Orientierungsstörung aus, d. h. die Entfernung der genannten Stunde, des Monats oder Jahres vom richtigen Datum wird größer. Während der Zeitbegriff „zerfließt“ läßt sich die Schwäche in der räumlichen Orientierung eher als ein „Eingrenzen“ auf einen immer kleiner werdenden Raum beschreiben. Am Anfang fällt es den Betroffenen nur schwer, sich in neuen Umgebungen zurechtzufinden, schließlich sind auch bekannte Städte, der Heimatort und die eigene Wohnung betroffen. Ähnlich läßt sich der Verlust der situativen Orientierung beschreiben. Anfangs können fremde Personen nicht mehr richtig ihrer Funktion im Leben des Betroffenen zugeordnet werden, in fortgeschrittenen Stadien werden dann auch die Angehörigen verwechselt (z. B. kann die Tochter zur Mutter oder zur Frau werden) oder als fremd erlebt. Die Orientierung zur eigenen Person geht erst in Spätstadien der Erkrankung verloren (Stadien 6 und 7 nach Reisberg, s. Seite 35)

Gedächtnis

Lange Zeit wurde davon ausgegangen, das „Langzeitgedächtnis“ sei von der Krankheit weniger stark betroffen als das „Kurzzeitgedächtnis“. Es finden sich aber auch eine Reihe von Hinweisen auf einen gleich starken Befall beider Bereiche, wenn eine umfassende Prüfung der Erinnerung an länger zurückliegende Ereignisse vorgenommen wird. Über den Verlauf der Krankheit sind die Ausfälle progredient. Die Gedächtnisausfälle führen einen Großteil der Betroffenen zum Arzt. Typische Anlässe für die Vorstellung durch Angehörige sind mehrmaliges Rufen des Schlüsseldienstes, obwohl der Schlüssel sich in der Hosentasche befindet oder mehrmaliges Telefonieren mit der gleichen Person in der Annahme, man habe sie noch nicht angerufen.

Die Denkfähigkeit kann auf mehrere Weisen durch die Krankheit beeinträchtigt sein. Auf der einen Seite finden sich Ausfälle in der intellektuellen Leistungsfähigkeit, auf der anderen Probleme im Umgang mit dem Erkennen dieser Ausfälle, die durch die Einschränkung der Leistungsfähigkeit wiederum nicht bewältigt werden können.

Am Anfang geht die Problemlösefähigkeit für komplexe Probleme verloren, im weiteren Verlauf sind selbst leichte Aufgabenstellungen nicht mehr zu bewerkstelligen. Relativ lange bleiben dabei die körperbezogenen Fähigkeiten (Essen, Anziehen und Körperpflege) erhalten, aber in fortgeschrittenen Stadien gehen auch diese völlig verloren. Schließlich bildet sich eine Apraxie, die Unfähigkeit, einfachen Anweisungen zu folgen, aus. Eine Reihe von Hinweisen sprechen für eine Beeinträchtigung des Denkens durch eine verschlechterte Wahrnehmung in verschiedenen sensorischen Bereichen. Insbesondere das Sehen und Riechen sind dabei gestört. Der Gedächtnisverlust verhindert darüber hinaus ein geordnetes schlußfolgerndes Denken. Nicht vorhandene Zusammenhänge werden erfunden, der Betroffene konfabuliert.

Sprache

In frühen Stadien der Erkrankung ist die Fähigkeit zu sprechen noch intakt. Gelegentlich findet sich sogar ein gesteigerter Redefluß. Im weiteren Verlauf wird der Sprachfluß dann geringer und langsamer. Es treten Wortfindungsschwierigkeiten auf. Der Prozeß der Sprachverarmung und der Minderung geordneten Sprechens schreitet bis zum Sprachverlust fort, wobei sich zuvor noch eine Phase mit Iterationen (zwanghaftes Wiederholen gleichartiger Wörter), Echolalien (Wiederholen von Äußerungen anderer mit oder ohne Umformung in Wortstellung und Wortwahl) „recurring utterances" (Sprachautomatismen mit z.B. Wiederholen von Silben wie „bobobobo") und Stereotypien (ständiges Verwenden derselben Floskeln) beschreiben läßt.

Motorik

Oft beginnen die Störungen der Motorik sehr frühzeitig im Verlauf der Erkrankung. Eine Lauf- und Sitzunruhe kann auftreten. Der Betroffene kann sich nicht mehr länger an einem Ort aufhalten. Es kann zu ständigem Auf- und Abgehen kommen ebenso wie zu weitschweifigen Spaziergängen, die in späteren Stadien meist mit einem Verirren enden. Diese massive Rastlosigkeit wird erst in den Endstadien der Erkrankung geringer und durch eine Bettlägerigkeit abgelöst. Über den Verlauf hinweg läßt sich damit eine umgekehrte U-Funktion des Bewegungsdranges zeichnen.

5.2. Risikofaktoren

Bei der Suche nach möglichen Ursachen der Erkrankung wurden eine Reihe von Faktoren aufgelistet, die in einem Zusammenhang mit der Demenz vom Alzheimer Typ stehen könnten. Einige wesentliche sind im folgenden beschrieben:

Alter

Die Zahl der von der Demenz vom Alzheimer Typ Betroffenen steigt mit zunehmendem Alter an. Alle 5,1 Jahre verdoppelt sich die Prävalenz für die Erkrankung. Untersuchungen zur Zahl der Ersterkrankungen in Bezug auf das Alter, also die Inzidenz, lassen derzeit allerdings noch keinen Schluß auf ein kontinuierliches Ansteigen über das gesamte Lebensalter zu. Sollten sich Hinweise auf einen Rückgang der Inzidenz nach dem 80. Lebensjahr bestätigen, so hätte das erhebliche Auswirkungen auf das Verständis der Krankheit und des Alterungsprozesses schlechthin. Ein solches Ergebnis spräche für eine Art Selektion von Resistenz gegenüber der Krankheit. Unabhängig von den epidemiologischen Daten korrelieren jedoch auch die pathologischen Befunde mit dem Alter. In einem Alter von über 70 Jahren wächst die Anzahl von Alzheimertypischen Veränderungen im Gehirn stetig an (siehe auch Kapitel 3).

Geschlecht

Frauen sind häufiger von der Krankheit betroffen als Männer. Die Ergebnisse aller epidemiologischen Studien belegen diesen Trend, wobei die Aussagen bis zu „doppelt so häufig betroffen" reichen. Diese „Bevorzugung" des weiblichen Geschlechts bleibt über das Alter hinweg gleich. Aus pathologischer Sicht lassen sich allerdings keine Unterschiede zwischen den Geschlechtern finden.

Soziale Schicht und Bildung

Zur Klärung des Zusammenhangs von Bildung und sozialer Schicht mit der Demenz vom Alzheimer Typ wurde eine Reihe von Untersuchungen durchgeführt. Die Untersuchungsergebnisse sind dabei widersprüchlicher Art, zumal unterschiedliche Untersuchungstechniken mit zum Teil erheblichen Mängeln eingesetzt wurden. Alles in allem lassen die Ergebnisse derzeit noch keine Schlußfolgerung auf einen wie auch immer gearteten Gradienten zwischen sozialer Schicht oder Bildung zu.

Familie

Über eine große Anzahl von Studien hinweg läßt sich eine genetische Belastung der Angehörigen ersten Grades nachverfolgen. Die Wahrscheinlichkeit für Angehörige ersten Grades, an der Demenz vom Alzheimer Typ zu erkranken, wird dabei zwischen 33 und 50 Prozent angesiedelt (siehe auch Kapitel 7). Allerdings ist nur ein Teil der Verstorbenen neuropathologisch untersucht worden. Es kann aber eine Unterschätzung des Risikos vermutet werden, da nur von einem Teil der untersuchten Betroffenen hinlängliche Daten über die Angehörigen zu erhalten waren. Eine weitere Hypothese könnte die Annahme eines höheren Risikos stützen. Sie geht davon aus, daß viele Angehörige durch andere Erkrankungen verfrüht sterben und sich daher das dementielle Syndrom gar nicht mehr entwickelt.

Alter der Eltern

Die Hypothese, das Alter der Eltern habe einen Einfluß auf das Entstehen der Krankheit (höheres Alter der Eltern bei Geburt des Kindes = höheres Risiko, an der Demenz vom Alzheimer Typ zu erkranken), ließ sich nicht bestätigen. Bei den Untersuchungen fand sich aber immer wieder eine Tendenz für den Zusammenhang von Erkrankungsrisiko und höherem Alter der Mutter.

Kinderanzahl

Auch die Hypothese einer in Abhängigkeit von der Kinderzahl veränderten Wahrscheinlichkeit, an einer Demenz vom Alzheimer Typ zu erkranken, ließ sich nicht halten.

Down-Syndrom

Eindeutig sind die Befunde zum Zusammenhang von Down-Syndrom und der Demenz vom Alzheimer Typ. Bei Menschen mit einem Down-Syndrom finden sich häufig der Demenz vom Alzheimer Typ entsprechende pathologische Befunde im Hirngewebe. Andererseits findet sich unter den Kindern von Menschen mit einer Demenz vom Alzheimer Typ keine erhöhte Wahrscheinlichkeit, am Down-Syndrom zu erkranken. Die Beziehung wird durch ein genetisches Bindeglied hergestellt. Während bei der Demenz vom Alzheimer Typ das Chromosom 21 fehlerhaft ausgeprägt ist, liegt es beim Down-Syndrom dreifach vor (siehe auch Kapitel 7).

Kopfverletzungen

Vorschädigungen können auch einen Einfluß auf die Krankheitsentstehung haben. Allerdings sind derartige Daten mit Vorsicht zu werten, da das

Ausmaß einer Kopfverletzung im nachhinein nur schwer einzuschätzen ist und Angehörige bei der Frage nach Kopfverletzungen häufig geneigt sind, in dieser Richtung zu antworten. Die neurofibrillären Veränderungen bei der Demenz vom Alzheimer Typ finden sich aber auch bei Boxern („Boxerenzephalopathie"). Eine Assoziation zwischen Kopfverletzung und Demenzentwicklung kann daher nicht völlig von der Hand gewiesen werden. Eine Hypothese beschreibt eine Latenzzeit von 35 Jahren zwischen Kopfverletzung und Ausbruch der Erkrankung. Eine mögliche Ursache für das Zusammentreffen einer Kopfverletzung und einer Demenz vom Alzheimer Typ könnte zum Beispiel eine Verletzung der Blut-Liquor-Schranke sein, die zum Eintritt von Eiweißen in das Hirngewebe führen könnte. (Ein Teil der Veränderungen bei der Demenz vom Alzheimer Typ besteht in Eiweißablagerungen.)

Psychische Störungen

Die Hinweise auf einen Zusammenhang von psychischen Störungen und der Demenz vom Alzheimer Typ sind eher spärlich. Allenfalls findet sich ein gehäuftes Zusammentreffen von Depressionen mit der Erkrankung.

Wohnregion

In der Literatur werden eine Reihe von Zusammenhängen zwischen Wohnregion und Demenz vom Alzheimer Typ beschrieben. So sollen Städter häufiger erkranken als die Landbevölkerung, New Yorker eher als Londoner, Japaner und Russen weniger als Amerikaner und Westeuropäer. Eine eindeutige Aussage wird jedoch durch unterschiedliche Diagnosemöglichkeiten sowie auch verschiedene kulturelle Strukturen und Lebensstile nahezu unmöglich gemacht.

Rauchen

Der Einfluß des Rauchens wurde in beide Richtungen beschrieben. Der größere Teil der Untersuchungen fand jedoch keinen Einfluß. Ein Zusammenhang wäre deshalb von Interesse, da Nikotin den Überträgerstoff Acetylcholin aus Nervenzellen freisetzt und Acetylcholin bei der Demenz vom Alzheimer Typ vermindert ist (siehe Kapitel 6).

Aluminium

Aufgrund der Tatsache, daß man in den Ablagerungen im Gehirn von Menschen mit einer Demenz vom Alzheimer Typ Aluminium fand, kam man zu der Überlegung, Aluminium könne die Erkrankung verursachen. Diese Annahme wurde unterstützt durch Befunde bei Patienten mit Nierenerkrankungen, die dialysepflichtig waren. Bei Dialysepatienten findet sich sowohl ein erhöhter Aluminiumspiegel als auch gehäuft ein dementielles Syndrom. Aber nicht jeder Patient mit erhöhtem Aluminiumspiegel im Blut entwickelt auch eine Demenz, und bei Patienten mit einer Demenz vom Alzheimer Typ läßt sich nicht immer ein erhöhter Aluminiumspiegel finden.

Über diese Befunde hinaus hat die Aluminiumhypothese zu einer Reihe von zum Teil recht abenteuerlich anmutenden Annahmen geführt. So wurde beispielweise während des ersten Weltkrieges Aluminiumgeschirr für ein höheres Auftreten der Demenz vom Alzheimer Typ in bestimmten Jahrgängen verantworlich gemacht. Die Löslichkeit des Aluminiums hängt auch vom pH-Wert ab. Daraus entwickelte sich die Hypothese, daß der „saure Regen" die Erkrankungshäufigkeit erhöhe. Interessant erscheint auch die Theorie einer defekten Nasenschleimhaut, die den Eintritt von Aluminium und Silizium über den Riechnerv in das Gehirn ermöglichen soll. (Es besteht in der Tat ein Zusammenhang zwischen Störungen des Riechvermögens und der Demenz vom Alzheimer Typ.)

Die beschriebenen Risikofaktoren stellen nur einen Teil der in der Literatur zu findenden Hinweise dar. Trotz dieser vielfältigen Bemühungen der Wissenschaftler ist eine „einzige Ursache" für die Demenz vom Alzheimer Typ noch nicht gefunden worden. Bei dem Versuch, das Puzzle zusammenzusetzen, wird auch nach einem übergeordneten Faktor gefahndet. Derzeit erscheint es allerdings unwahrscheinlich, daß ein einzelner Umweltfaktor oder genetischer Defekt direkt für die Krankheit verantwortlich zu machen ist. Vielmehr muß man von einer Wechselwirkung verschiedener Faktoren ausgehen. Im Vordergrund steht momentan die Theorie, „freie Sauerstoffradikale“ könnten das Bindeglied darstellen (siehe Kapitel 6). Die Anzahl der freien Sauerstoffradikale kann durch eine Reihe der Risikofaktoren erhöht werden. Zudem ist ein für ihren Stoffwechsel wesentliches Enzym, die Superoxid-Dismutase, auf Chromosom 21 lokalisiert. Aufgrund dieser Theorie hat man auch eine potentielle Vorbeugemaßnahme gegen die Demenz vom Alzheimer Typ entwickelt: Vitamin E soll die Auswirkungen freier Radikale mindern. Ein Wermutstropfen dabei ist allerdings, daß die Theorie der freien Radikale für eine ganze Reihe von Erkrankungen ins Feld geführt wurde, sich aber bislang nicht als Ursache bestätigen ließ.

6. Biologische Grundlagen der Demenz

6.1. Demenz vom Alzheimer Typ

6.1.1. Pathologische Auffälligkeiten

Hirnatrophie und Nervenzellverlust

Die makroskopisch bedeutsamste Auffälligkeit bei der Demenz vom Alzheimer Typ (DAT) ist die Hirnatrophie. Dieser schon bei bloßer Inspektion offensichtliche Befund läßt sich auch quantitativ belegen. Die Atrophie kann in ausgeprägten Fällen bis zu 500g im Vergleich zu „gesunden“ Personen gleichen Alters betragen. Jedoch finden sich beträchtliche Überschneidungen in den Häufigkeitsverteilungen zwischen dementen Patienten und normalen Kontrollpersonen. Frontal- und Temporallappen des zerebralen Kortex sowie der Hippokampus und die Regio entorhinalis sind am häufigsten betroffen. Als Kompensation für das atrophierte Hirngewebe läßt sich eine Vergrößerung der Hirnventrikel feststellen. Bei der Demenz vom Alzheimer Typ findet sich die gesamte Decke des kortikalen Mantels signifikant vermindert, ohne daß die Dicke der kortikalen grauen Substanz reduziert sein muß. Diese Größenminderung liegt wahrscheinlich an einem Verlust von Neuronen, obwohl auch eine Schrumpfung einzelner Zellen und ihrer Fortsätze dazu beitragen kann.

Auf einer makroskopischen Ebene läßt sich die Diagnose einer Demenz vom Alzheimer Typ also nicht mit Sicherheit stellen und so sind für eine sichere Diagnostik mikroskopische Befunde notwendig. Bei der mikroskopischen Betrachtung finden sich Nervenzelluntergänge besonders unter den großen Neuronen des Neokortex im Temporal- und Frontallappen. Im Hippokampus und in spezifischen subkorticalen Arealen zeigen sich ebenfalls ausgeprägte Zelluntergänge. Betroffen sind die Kerngebiete von diffus in den Kortex projizierenden Neuronen wie des Nucleus basalis Meynert, des Locus coeruleus und des Nucleus raphe dorsalis. Im Cerebellum und im Rückenmark ist der Verlust an Nervenzellen dagegen nur gering. Diese Nervenzelluntergänge korrelieren mit der Anzahl der beiden wichtigsten histopathologischen Auffälligkeiten bei der DAT, den „neurofibrillären Bündeln“ und den „senilen Plaques“ oder „Drusen“. Das könnte bedeuten, daß die Bildung dieser histopathologischen Auffälligkeiten im Verlauf der Demenz den Zelluntergang bedingt.

Ischämische oder traumatische Läsionen lassen sich bei der senilen DAT nicht häufiger beobachten als bei Kontrollpersonen gleichen Alters, bis auf die relativ seltenen Fälle, bei denen die DAT und die Demenz vom vaskulären Typ kombiniert auftreten.

Neurofibrilläre Bündel

Die neurofibrillären Bündel wurden bereits von Alois Alzheimer im Jahr 1906 beobachtet und in seiner ersten Falldarstellung dieser Erkrankung beschrieben. Diese Bündel bestehen aus Anhäufungen abnormaler Filamente im Zytoplasma von Neuronen. Sie sind von einer flammenförmigen oder tennisschlägerartigen Gestalt und finden sich nach dem Absterben der Zellen auch als extrazelluläre Gebilde. Solche histopathologische Auffälligkeiten im Gehirn entstehen allerdings nicht nur bei der Demenz vom Alzheimer Typ, sondern grundsätzlich auch bei der normalen nicht-pathologischen Hirnalterung. Bezogen auf ihre licht- und elektronenmikroskopische Struktur gleichen diese Veränderungen denen bei der normalen Hirnalterung; jedoch treten sie bei der Demenz vom Alzheimer Typ in weit größerer Anzahl auf.

Die neurofibrillären Bündel finden sich sehr zahlreich im Neokortex und hier insbesondere im Temporallappen. Besonders zahlreich sind sie bei präsenilen Fällen oder bei der senilen Demenz nach langer Krankheitsdauer. Auch im Frontallappen bilden sich häufig neurofibrilläre Bündel aus. Von den kortikalen Rindenschichten sind die Schichten III und IV besonders stark betroffen. Auch im Bulbus olfactorius sowie im präpiriformen Kortex und im Entorhinalcortex finden sie sich zahlreich. In den anderen allokorticalen Regionen, dem Hippokampus und dem Gyrus parahippocampalis, treten sie ebenso häufig auf wie in einigen subkorticalen Regionen, wie z. B. dem Nucleus basalis Meynert, dem Locus coeruleus, der dorsalen Raphe und dem Hypothalamus.

Diese neurofibrillären Bündel bestehen aus doppelhelixartig umeinander gewundenen Filamenten, wobei eine Windung etwa 80 nm umfaßt. Die einzelnen Filamente haben einen Durchmesser von 10 nm. Die so entstehende Doppelhelix hat einen Gesamtdurchmesser von 20 nm und eine Periodizität von 160 nm. Neben einigen anderen Proteinen bilden diese „paarigen helikalen Filamente“ (PHF) den Hauptbestandteil der neurofibrillären Bündel. Die PHF der neurofibrillären Bündel sind morphologisch den Fibrillen ähnlich, welche sich in den Neuriten der senilen Plaques finden. Sie kommen als fädige Strukturen auch im Neuropil vor. Immuncytochemisch reagieren einige Antikörper gegen Neurofilamente auch mit den PHF, andere Antikörper gegen Neurofilamente dagegen nicht. Auch Antikörper gegen „Mikrotubulus assoziierte Proteine“ reagieren mit den PHF.

Physikochemisch zeigen die paarigen helikalen Filamente eine ungewöhnlich schlechte Löslichkeit in den üblicherweise verwendeten Medien. Nachdem es aber gelungen war, die PHF in Lösung zu bringen, konnte ihre biochemische Struktur weitgehend aufgeklärt werden. Sie bestehen insbesondere aus Polypeptiden mit einem Gewicht von 4400 Dalton. Ein solches Protein weist eine „Beta-Faltblattstruktur" auf, ähnlich wie das Protein aus dem Amyloid der kleinen zerebralen Blutgefäße und das Protein des Amyloidkerns der senilen Plaques. Es wird als „Beta-Protein" oder „A4-Protein" bezeichnet und scheint der wesentliche Proteinbestandteil der PHF und des Amyloids zu sein. Allerdings sind die genauen Beziehungen zwischen den Proteinstrukturen von PHF und Amyloid noch ungeklärt. Es finden sich auch noch andere Proteine in den neurofibrillären Bündeln; so bildet das „Microtubulus-assoziierte Protein tau" (MAP-tau) einen weiteren wesentlichen Bestandteil der PHF. Tau-Proteine sind eine Klasse von „Mikrotubulus assoziierten Proteinen" niedrigen Molekulargewichts, welche an verschiedenen histopathologischen Auffälligkeiten bei der DAT beteiligt sind. Das MAP-tau an den PHF ist dabei abnormal phosphoryliert. Dadurch erscheint in vitro die Tubulinpolymerisation beeinträchtigt, was auf eine Abbaustörung hindeutet. Also könnte die abnorme Phosphorylierung für eine Abbaustörung dieser Proteine verantwortlich sein. Darauf könnte auch hinweisen, daß sich an den PHF „Ubiquitin" findet, ein Protein, das zur Aktivierung proteolytischer Systeme beiträgt. Durch die zunehmende Akkumulation von Fibrillen könnten zelluläre

Transportsysteme geschädigt werden, was letztlich zum Absterben der Neurone führen kann.

Im Hirngewebe von verstorbenen Alzheimer-Patienten ließ sich auch ein abnormales Protein „A68" nachweisen, welches in neuronalen Terminals in den senilen Plaques und in den meisten Neuronen mit neurofibrillären Bündeln vorkommt. Die genaue Struktur dieses Proteins ist bisher noch unbekannt, jedoch scheint es aus einem größeren Protein abgespalten zu werden. Dieses Protein ließ sich auch im Liquor cerebrospinalis von Patienten mit DAT nachweisen. Dies könnte von besonderer Bedeutung sein, da sich hieraus möglicherweise ein diagnostischer Test entwickeln ließe.

Neuritische Plaques (Senile Drusen)

Die „neuritischen" oder „senilen Plaques" bilden die zweite wesentliche histopathologische Auffälligkeit, welche zur Diagnose einer Demenz vom Alzheimer Typ im postmortalen Hirngewebe notwendigerweise vorhanden sein muß. Ihre Anzahl korreliert sehr gut mit dem Schweregrad der Demenz. Die senilen Plaques finden sich insbesondere im frontalen und temporalen Assoziationskortex und hierbei besonders häufig in den Schichten II und III der kortikalen Rinde. Die allokorticalen Regionen der Amygdalae und des Hippokampus sind ebenfalls Prädilektionsstellen für die Ausbildung der senilen Plaques. Allerdings finden sie sich auch im Striatum und Dienzephalon. Die senilen Plaques stellen sphärische oder ovale Areale mit einem Durchmesser von 15-200 µm dar. Sie bestehen aus einem Rand von vergrößerten Axonen oder synaptischen Terminals, den Neuriten, Gliafortsätzen und Astrozyten sowie einem zentralen Amyloidkern. Man ging häufig davon aus, daß die Amyloidablagerung das primäre Ereignis darstellt. Neuere ultrastrukturelle Untersuchungen haben jedoch gezeigt, daß die Amyloidablagerungen und die Anhäufung dystrophischer Neuriten etwa gleichzeitig vor sich geht. Diese Ergebnisse lassen sich in Übereinstimmung bringen mit der klassischen Vorstellung von der Entwicklung der senilen Plaques. Hiernach gibt es drei Entwicklungsstadien. Der sog. „unreife oder primitive Plaque“ besteht aus dystrophischen Neuriten und Gliafortsätzen mit wenig Amyloidablagerungen in der Zentralregion. Der „reife Plaque“ unterscheidet sich durch eine stärkere zentrale Amyloidablagerung, die von einem peripheren Saum dystrophischer Neuriten umgeben ist. Vereinzelt finden sich Gliafortsätze und gelegentlich Gliazellkörper eingestreut. Der sog. „ausgebrannte Plaque“ bezeichnet das Stadium der Plaqueentwicklung, in der der zentrale Amyloidkern wesentlich das morphologische Bild bestimmt. Hierbei findet sich nur noch ein schmaler Randsaum von neuritischen Fortsätzen.

Die Neuriten, welche an der Plaquebildung beteiligt sind, umfassen sowohl cholinerge Neuronen als auch monaminerge und glutamaterge Zellen. Auch somatostatinerge Neuriten und andere neuropeptidtragende Fortsätze konnten in den Neuriten von senilen Plaques identifiziert werden. Die Proteinzusammensetzung des Amyloidkerns der senilen Plaques ist größtenteils aufgeklärt. Das schon erwähnte Beta-Protein macht den Hauptproteinbestandteil des Amyloidkerns aus und tritt sowohl in den neurofibrillären Bündeln als auch im Amyloid der Angiopathie auf, so daß man evtl. davon ausgehen könnte, daß die neurofibrillären Bündel eine besondere intrazelluläre Form des Amyloids darstellen.

Ein weiterer interessanter Aspekt des Amyloidkerns der senilen Plaques besteht darin, daß sowohl Aluminium als auch Silicium, und zwar in der Form von anorganischem Aluminiumsilikat, im Zentrum des Amyloidkerns lokalisiert werden konnten. Auch in den neurofibrillären Bündeln ließ sich Aluminium nachweisen. Diese Befunde unterstützen die Auffassung, daß Aluminium als neurotoxischer Faktor bei der Ausbildung der histopathologischen Auffälligkeiten der senilen Demenz vom Alzheimer Typ beteiligt sein könnte.

Die kongophile Angiopathie (Drusige Entartung der Hirngefäße)

Amyloidablagerungen von der Art, welche sich im Kern der senilen Plaques finden, bilden sich ebenfalls um kleine Blutgefäße herum. Die Amyloidablagerungen um diese kleinen Blutgefäße konnten isoliert und in ihrer Proteinstruktur aufgeklärt werden. Es zeigte sich, daß sie in ihrer Proteinstruktur der des Amyloidkerns der senilen Plaques entsprechen.

Granulovakuoläre Degeneration

Die granulovakuolären Degenerationen erscheinen histologisch als klare Vakuolen mit zentralen dunklen Einschlußkörperchen. Man vermutet, daß diese Degeneration durch zelluläre autophagische Mechanismen hervorgerufen wird. Sie findet sich hauptsächlich in den Arealen des Hippokampus, in denen auch die neurofibrillären Bündel auftreten. Die Anzahl der Zellen mit granulovakuolärer Degeneration und die Anzahl der Vakuolen insgesamt steht mit dem Schweregrad der Demenz in engem Zusammenhang. Die biochemische Zusammensetzung von Strukturen der granulovakuolären Degeneration ist noch relativ unerforscht, man weiß jedoch, daß Antikörper gegen Neurofilamente und auch Antikörper gegen neurofibrilläre Bündel mit Proteinstrukturen der granulovakuolären Degeneration reagieren. Dies deutet wiederum auf eine gemeinsame proteinchemische Zusammensetzung auch dieser histopathologischen Auffälligkeiten mit den anderen bereits beschriebenen hin.

Hiranokörperchen

Hiranokörperchen sind extrazelluläre Gebilde von einer Größe von etwa 5×20 μm, welche sich in der Peripherie mittelgroßer Neurone finden. Die Hiranokörperchen treten fast ausschließlich im Subikulum des Hippokampus auf und sind in ihrer funktionellen Bedeutung unbekannt. Ultrastrukturell bestehen sie aus Lagen von 10 nm Filamenten, welche in verschiedene Richtungen miteinander verwebt zu sein scheinen. Elektronenoptisch stellt sich dies als eine Art „Schachbrettstruktur" dar. Als Proteinbestandteil ließ sich Aktin, ein Cytoskelettprotein, in den Hiranokörperchen nachweisen.

6.1.2. Neurochemische Veränderungen

Hirndurchblutung und Hirnstoffwechsel

Bei Messungen der Hirndurchblutung (CBF = Cerebral Blood Flow, Zerebraler Blutfluß) sowie der Hirnstoffwechselraten für Sauerstoff (CMRO2) und Glucose (CMRGLU) zeigt sich, daß die physiologische Hirndurchblutung eines gesunden jungen Menschen etwa bei 50 ml/100g×Minute liegt. Bis etwa zur siebenten Lebensdekade wird der CBF auf dieser Höhe gehalten, später ergibt sich ein leichter Abfall unter Werte von 50 ml/100g×Minute. Wenn man nur den kortikalen CBF betrachtet, zeigt sich dasselbe altersabhängige Phänomen: der normale Bereich von mehr als 70 ml/100g×Minute wird ebenfalls bis zum Alter von etwa 70 Jahren aufrechterhalten; später zeigt sich ein Abfall im kortikalen CBF. Die globale Stoffwechselrate für Sauerstoff (CMRO2) liegt bei ca. 3 ml/100g×Minute und ändert sich mit zunehmendem Alter nicht, jedenfalls nicht bis zur siebten Lebensdekade. Die kortikale CMRO2 fällt jedoch mit zunehmendem Alter ab.

Die Zirkulations- und Stoffwechselveränderungen im Cortex können in Bezug gesetzt werden zu Veränderungen der Hirnmorphologie. Eine Schrumpfungstendenz und ein Verlust an Nervenzellen von etwa 20% findet sich insbesondere im Frontallappen (Area 11) jenseits des 65. Lebensjahres. Diese morphologischen Veränderungen erklären die verringerten Stoffwechselanforderungen des alternden Gehirns.

Untersuchungen von Hirnstoffwechsel und Hirndurchblutung bei Normalpersonen im Alter lassen ebenfalls ein Schwellenwertphänomen bei der Stoffwechselrate für Glucose deutlich werden. Die CMRGLU liegt normalerweise bei mehr als 5 mg/100g×Minute. Der Abfall der Glucoseumsatzrate tritt nach dem siebten Lebensjahrzehnt ein.

Bei Patienten mit einer Demenz liegen diese Werte deutlich unter den als normal beschriebenen Werten. Veränderungen des CBF sowie der CMRO2 und der CMRGLU gehören zu den am besten dokumentierten Befunden. In zahlreichen Untersuchungen fand man, daß die Hirndurchblutung bei der Demenz auf Werte zwischen 27 und 42 ml/100g×min, der zerebrale Sauerstoffverbrauch auf 1,6 bis 2,8 ml/100g×min und der cerebrale Glucoseverbrauch auf 2,21 bis 4,16 mg/100g×min erniedrigt war.

Diese charakteristischen Veränderungen von Durchblutung und Stoffwechsel des Gehirns variieren in Abhängigkeit von der Krankheit (DAT-DVT), Krankheitsdauer und Schwere der Erkrankung. In der Anfangsphase der DAT zeigen sich im Vergleich zu geistig normalen Personen desselben Lebensalters noch keine Veränderungen der Hirndurchblutung und im Sauerstoffverbrauch. Erst bei fortschreitender Erkrankung werden sie merklich herabgesetzt. Eine starke Verminderung bereits vor dem Auftreten von Symptomen findet sich dagegen beim zerebralen Glucoseverbrauch, so daß Störungen im Glucosemetabolismus die primäre Abnormität bei der DAT darstellen könnten. Mittels Positronen-Emissions-Tomographie und Desoxyglucose-Technik läßt sich nachweisen, daß der zerebrale Glucosestoffwechsel in fronto-parieto-temporalen Regionen des Kortex in besonderem Maße herabgesetzt ist. Äußerst interessant sind hierbei Befunde einer wiederholten Bestimmung des Hirnstoffwechsels mittels Positronen-Emissions-Tomographie (FDG-PET) und neuropsychologischer Testung bei Patienten mit einer beginnenden DAT. Bei einer ersten Untersuchung zeigten sich im Vergleich zu altersangeglichenen Kontrollpersonen keine Veränderungen der Glucoseutilisation in irgendeiner Hirnregion. Bei einer zweiten Untersuchung fand sich dann eine signifikante Verminderung der Glucoseutilisation im rechten Parietallappen und einen Anstieg der Glucoseutilisation im linken Nucleus lenticularis. In einer dritten Untersuchung ergab sich eine signifikante Verminderung der Glucoseutilisation sowohl im gesamten rechten als auch linken Parietallappen. Diese Veränderungen zeigten sich insbesondere bei Patienten mit Gedächtnisdefiziten, noch bevor sich parietal bedingte Ausfälle entwickelten. Dies macht deutlich, daß die metabolischen Veränderungen eine wichtige Rolle bei der Entwicklung neuropsychologischer Defekte spielen und daß klinische Veränderungen im Sinne von neokortikal vermittelten Defiziten erst deutlich werden, nachdem eine meßbare Verminderung der CMRGLU aufgetreten ist. In Untersuchungen zur Korrelation zwischen psychometrischen Daten und der Glucoseutilisation im PET zeigte sich, daß die Glucoseutilisation im zerebralen Kortex im Mittel um 28% reduziert war, während sich in den Basalganglien eine 16-prozentige Reduktion zeigte. Veränderungen kognitiver Funktionen korrelierten signifikant mit diesen Reduktionen. Eine beeinträchtigte Glucoseutilisation zeigte sich insbesondere im temporoparietalen Assoziationskortex.

Bei der Untersuchung des postmortalen Hirngewebes von Patienten mit einer DAT findet sich eine selektive Vulnerabilität der großen neokortikalen Neurone, was diese Krankheit deutlich von den Veränderungen bei der normalen Hirnalterung abgrenzt. Es zeigen sich signifikante Verringerungen von Nervenzellenmarkern wie Gangliosidacetylneuraminsäure (Gangliosid NANA) und Phosphorohydrolase, Verringerungen in Gliazellenmarkern wie Carbonatanhydrase, Verringerungen in mitrochondrialen Markern wie magnesiumabhängige ATPase und Verringerungen in Zellmembranmarkern wie Gesamt-ATPase.

Das Nervensystem zeigt bekanntermaßen eine stärkere Abhängigkeit von einer ungestörten Glukosezufuhr als jedes andere Organ. Von herausragender Bedeutung sind daher Veränderungen an den Enzymen des Glukosestoffwechsels, wie Aldolase, Phosphohexoisomerase, Phosphofruktokinase, Phosphoglyceratmutase, Triosephosphatisomerase, Pyruvatkinase und Lactatdehydrogenase.

Die Phosphofruktokinase, deren Aktivität in einigen Untersuchungen weniger als 10% der Aktivität bei alten Kontrollpersonen betrug, stellt das Regulationsenzym des glykolytischen Abbaus der Glukose im Hirnstoffwechsel dar und bestimmt somit den Fluß von Glukose durch die gesamte Glykolyse. Das aus Glukose entstehende Pyruvat ist quantitativ das wichtigste Substrat für die Oxydation im Gehirn und demzufolge die wichtigste Quelle von Elektronen in der Elektronentransportkette, an welcher die oxydative Phosphorylierung und damit die Energiegewinnung des Gehirns stattfindet. Ein weiteres Regulationsenzym für den oxydativen Abbau von Glukose ist die Pyruvatdehydrogenase. In den betroffenen Hirnarealen bei der Demenz vom Alzheimer Typ findet sich ebenfalls ein Abfall in der Aktivität des Pyruvatdehydrogenase-Komplexes. Dieser Abfall in der Aktivität der Pyruvatdehydrogenase bei der Demenz vom Alzheimer Typ liegt offensichtlich nicht an postmortalen Artefakten. In verschiedenen Untersuchungen konnte gezeigt werden, daß die Pyruvatdehydrogenase im postmortalen Gehirn stabil ist. Auch Antikörper gegen die Pyruvatdehydrogenase hemmen das Enzym aus Alzheimer-betroffenen Gehirnen und Kontrollgehirnen gleich stark. Diese Befunde einer reduzierten Aktivität der wichtigsten Enzyme des Glukose- und Energiestoffwechsels im postmortalen Gehirn bei der Demenz vom Alzheimer Typ sind von besonderer Bedeutung, da bekannt ist, daß eine auch nur geringe Verminderung der Glukoseoxydation zu beeinträchtigten kognitiven Funktionen führt. Insbesondere das cholinerge Neurotransmittersystem, aber auch andere Neurotransmittersysteme werden durch eine beeinträchtigte Glukoseutilisation gestört. Die Acetylgruppen des Acetylcholins stammen hauptsächlich aus der PDHC-Reaktion (PDHC = Pyruvatdehydrogenasekomplex). Ebenso besteht eine enge Korrelation zwischen Cholinacetyltransferase und Pyruvatdehydrogenaseaktivität im menschlichen Gehirn. So zeigt sich in verschiedenen experimentellen und pathobiochemischen Befunden, daß die Veränderungen im oxydativen Hirnstoffwechsel und den verschiedenen Neurotransmittersystemen bei der Demenz vom Alzheimer Typ miteinander in Zusammenhang stehen können.

Auch aus einem anderen Blickwinkel könnte die verminderte Aktivität des Pyruvatdehydrogenasekomplexes bei der Demenz vom Alzheimer Typ wichtig sein. Die Aktivität dieses Enzymes wird über eine feinabgestimmte Phosphorylierungs-Dephosphorylierungsreaktion geregelt, wobei das dephosphorylierte Enzym die aktive Form darstellt. In experimentellen Untersuchungen fand sich nun, daß der Phosphorylierungszustand einer Untereinheit des Pyruvatdehydrogenasekomplexes eine wichtige Rolle bei „Lernen" auf zellulärer Ebene spielt und daß die Enzymaktivität im Gehirn bei Tieren nach einer Lernerfahrung zunimmt. Umgekehrt konnte man aber auch zeigen, daß eine Hemmung der Pyruvatdehydrogenaseaktivität im Tierexperiment zu Störungen der Lern- und Gedächtnisleistung führt.

Neurotransmitter und Rezeptoren

Bei der DAT sind von den klassischen Neurotransmittersystemen zumindest folgende drei aszendierende Systeme selektiv geschädigt: Das aus dem

„Nucleus basalis Meynert“ in den gesamten Kortex und aus dem „Nucleus septi medialis“ beziehungsweise dem „Nucleus gyri diagonalis“ in den Hippokampus projizierende cholinerge System; weiterhin das aus dem „Nucleus locus coeruleus“ aufsteigende und neben anderen Arealen zum Hippokampus, Septum und Neocortex ziehende noradrenerge System; als drittes das serotonerge System, das aus dem „Nucleus raphe dorsalis“ unter anderem wiederum in den Hippokampus und den Neokortex projiziert.

Die Veränderungen im cholinergen System bei der Demenz vom Alzheimer Typ zeigen sich in einem beträchtlichen Verlust der Cholinacetyltransferaseaktivität, insbesondere im Hippokampus und im temporalen Kortex. In verschiedenen Untersuchungen fanden sich abweichende Unterschiede im Aktivitätsverlust, aber im Vergleich zu Kontrollgehirnen ergab sich jedesmal ein signifikanter Aktivitätsabfall. Die Enzymaktivität in anderen Hirnregionen mag ebenfalls reduziert sein; dieser Befund ist aber weniger zuverlässig. Veränderungen in anderen präsynaptischen Markern des cholinergen Neurons stellen sich gleichsinnig zu dem Aktivitätsverlust der Cholinacetyltransferase dar. Dies zeigt, daß die Aktivitätsveränderung nicht auf das Enzym allein beschränkt ist, sondern das gesamte präsynaptische System miteinbezieht. Die synaptosomale Cholinaufnahme ist vermindert und die Pyruvatdehydrogenaseaktivität ebenfalls. Auch die Acetylcholinesterase, welche sich zusätzlich noch in postsynaptischen Neuronen findet, ist herabgesetzt. Diese Ergebnisse zeigen sich nicht nur im postmortalen Hirngewebe, sondern konnten auch bei Untersuchungen an Biopsiematerialien gewonnen werden. Hierbei fand sich in funktionellen Untersuchungen die Acetylcholinsynthese und dessen Freisetzung aus dem Gewebe ebenfalls vermindert. Bedeutsam ist, daß sich sowohl in postmortalen als auch in Biopsieuntersuchungen eine Korrelation zeigte zwischen dem intellektuellen Defizit, welches sechs Monate vor dem Tode von Patienten festgestellt wurde, der Stärke der pathologischen Veränderungen und dem Aktivitätsverlust der Cholinacetyltransferase im Kortex. Diese Veränderungen der präsynaptischen Marker spiegeln sich in den Veränderungen der postsynaptischen muskarinischen oder nikotinischen Rezeptoren nicht so deutlich wider. In verschiedenen Untersuchungen fanden sich diesbezüglich entweder normale Levels, verminderte muskarinerge oder nikotinerge Rezeptordichten oder auch erhöhte muskarinerge Rezeptordichten. Vor kurzem wurde gezeigt, daß eine Untergruppe der muskarinergen Rezeptoren, welche möglicherweise präsynaptisch lokalisiert ist, bei der Demenz vom Alzheimer Typ reduziert erscheint.

Ebenso reduziert ist die Konzentration von Noradrenalin und des synthetisierenden Enzyms „Dopaminbetahydroxylase“. In menschlichem Biopsiematerial läßt sich eine verminderte Noradrenalinaufnahme finden, was darauf hindeutet, daß das noradrenerge Defizit nicht nur einen Artefakt im Endstadium der Erkrankung darstellt. Auch die Ausscheidung des Hauptmetaboliten MHPG im Urin erscheint vermindert. Das Verteilungsmuster des noradrenergen Defizits scheint nicht dasselbe zu sein wie das des cholinergen Defizits. Demzufolge ließen sich auch keine signifikanten Korrelationen zwischen klinischen Symptomen und zum Beispiel dem Verlust der „Dopamin-Betahydroxylaseaktivität" im temporalen Kortex finden. Es bestehen jedoch signifikante Korrelationen zwischen dem Schweregrad der klinischen Symptome und dem noradrenergen Defizit im Hypothalamus. Die postsynaptischen alpha- und betaadrenergen Rezeptoren scheinen vom Krankheitsprozeß bei der DAT dagegen nicht betroffen zu sein.

Über Veränderungen des serotonergen Systems bei der DAT existieren weniger Befunde. Jedoch findet sich auch hierbei durchgängig ein serotonerges Defizit. Die Konzentration von Serotonin und des Hauptmetaboliten 5HIAA sind sowohl im Hirngewebe als auch im Liquor reduziert. Die Aufnahme von Serotonin ist ebenfalls vermindert. Auch in Biopsieuntersuchungen zeigen sich Veränderungen; ebenso sind die postsynaptischen Serotoninrezeptoren vermindert.

Im dopaminergen System kommt es ebenfalls zu metabolischen Abweichungen. Die Konzentrationen von Dopamin und dem Hauptmetaboliten „Homovanillinsäure" sind vermindert. In einigen Untersuchungen jedoch zeigte sich das dopaminerge System nicht betroffen; das geschwindigkeitsbestimmende Enzym, die „Tyrosinhydroxylase“, fand sich in verschiedenen Hirnregionen unverändert. Die meisten Untersuchungen stimmen darin überein, daß mögliche Veränderungen des dopaminergen Systems ein sekundäres Phänomen im Endstadium der Krankheit seien.

Untersuchungen an den als Neurotransmitter fungierenden Aminosäuren gestalten sich sehr schwierig. Einerseits gehören diese Substanzen zu einem metabolischen Pool. So bestehen enge Beziehungen zwischen dem Stoffwechsel von Glukose und dem verschiedener Aminosäuren. Der aus Glukose stammende Kohlenstoff wird sehr schnell in Glutamat, Glutamin, Aspartat und Gamma-amino-buttersäure (GABA) überführt, welche kompartimentiert vorliegen. Unter physiologischen Voraussetzungen besteht eine positive Korrelation zwischen der Glukose- und Glutamatkonzentration. Das metabolische Kompartiment dient dabei offenbar als Aminosäurenpool, dessen Bestandteile neben anderen glukoplastischen Aminosäuren bei Absinken der zellulären Glukosekonzentration mobilisiert und zur Energiegewinnung herangezogen werden.

Andererseits bilden diese Aminosäuren aber einen Neurotransmitterpool. Hierbei gelten Glutamat und Aspartat als exzitatorisch wirkende, GABA als inhibitorisch wirkende Neurotransmitter. Aus methodischen Gründen ist die getrennte Untersuchung dieser beiden Kompartimente im postmortalen Hirngewebe schwierig. Untersuchungen an kortikalen Hirnarealen bei der DAT zeigten eine relativ geringfügige Abnahme von Glutamat oder auch keine signifikanten Veränderungen. In einer Untersuchung an Biopsiematerial fand man eine größere Abnahme der Glutamatkonzentration. Die funktionale Bedeutung möglicher Änderungen der Glutamatkonzentrationen bei der Demenz vom Alzheimer Typ ist ungeklärt. Jedoch kommt dem Glutamat in der Ausbildung der Nervenzelldegeneration bei der zerebralen Ischämie als neurotoxische Substanz eine große Bedeutung zu. Nur wenige Untersuchungen wurden bisher über Glutamatrezeptoren in postmortalem Hirngewebe bei DAT durchgeführt. Zumeist wurde eine Reduktion der Glutamatbindungsstellen gemessen. Auch in autoradiographischen Untersuchungen fand sich eine reduzierte Glutamatbindung im Kortex und im Hippokampus. Da die bislang vorliegenden Arbeiten methodisch aber nicht genügend abgesichert sind, ist die Untersuchung der Glutamatrezeptoren im pathophysiologischen Geschehen bei der DAT zur Zeit Gegenstand erhöhten Forschungsinteresses.

Ähnlich kontrovers wie die Arbeiten zum glutamatergen System sind die Untersuchungen zum GABAergen System bei der DAT. Im postmortalen Hirngewebe fanden sich sowohl verminderte als auch unveränderte GABA-Konzentrationen.

Peptiderge Neurotransmittersysteme sind methodisch einfacher zu untersuchen, da sie nur in einem Pool vorliegen und im postmortalen Hirngewebe stabil sind. Als konsistenter Befund findet sich bei der DAT eine Verminderung von Somatostatin im Neokortex und Hippokampus sowie im Liquor cerebrospinalis. Auch somatostatinerge Rezeptoren im Neokortex sind vermindert. Diskutiert werden neuerdings auch Verminderungen des Gehaltes an Neuropeptid Y und Galanin. Untersuchungen an anderen Neuropeptiden bei der DAT haben keine konsistenten Veränderungen gezeigt. Da die funktionelle Wirkung der Neuropeptide im einzelnen weitgehend ungeklärt ist, ist die Bedeutung dieser Befunde für das pathophysiologische Geschehen noch nicht abzuschätzen. Allerdings ist bemerkenswert, daß es sich hierbei wie bei den Transmitterstörungen um selektive Veränderungen handelt, da nicht alle Neuropeptide gleichartig betroffen sind.

6.2. Demenz vom vaskulären Typ

6.2.1. Histopathologische Veränderungen

Als charakteristisches Erscheinungsbild bei der „Multi-Infarkt-Demenz“ (MID) oder der „Demenz vom vaskulären Typ“ (DVT) finden sich multilokal auftretende kleine Infarkte. Man nimmt an, daß es durch diese Infarkte zu einem Hirnsubstanzverlust von mindestens 50 ml kommen muß, bevor dementielle Erscheinungen auftreten. Allerdings ist die topographische Verteilung der Hirninfarkte von großer Bedeutung, da im kortikalen Bereich Substanzverluste häufig sehr gut kompensiert werden können.

Hirndurchblutung und Hirnstoffwechsel

In der Anfangsphase einer DVT bewegen sich die Hirndurchblutung und der Sauerstoffverbrauch noch im normalen Bereich. In einer prospektiven Studie fand sich jedoch, daß die Hirndurchblutung bei der DVT schon etwa zwei Jahre vor Einsetzen der Symptomatik abzunehmen begann. In einer anderen Untersuchung war der zerebrale Glukoseverbrauch in der Anfangsphase einer DVT mit 6,84 mg/100g min deutlich erhöht. Das mag auf den ersten Blick überraschen. Da jedoch die Untersuchungen in der postischämischen Erholungsphase durchgeführt wurden, in der durchaus normale oder sogar erhöhte Stoffwechselvorgänge ablaufen, läßt sich dieser Befund erklären. Im weiteren Verlauf der Erkrankung nehmen Durchblutung, Sauerstoff- und Glukoseverbrauch progressiv ab. In der chronischen Phase ist dann ein Niveau erreicht, das für die genannten Parameter bei 50 bis 60 Prozent der Norm liegt. Eine Differenzierung verschiedener Demenzformen ist dann nicht mehr möglich.

6.2.2. Neurochemische Veränderungen

Glukose- und Energiestoffwechsel

In den durch Mikrozirkulationsstörungen geschädigten Hirnarealen treten metabolische Veränderungen vielfältiger Art auf. Mit der Ischämie kommt es zu einem Stillstand oxydativer und energieproduzierender Prozesse. Die Konzentrationen von „Kreatinphosphat“ und „ATP“ fallen drastisch ab. Diese Schädigung ist im Alter stärker ausgeprägt. Mit dem Verlust an energiereichen Verbindungen ist die Basis für eine ungestörte Informationsweitergabe zwischen den Zellen, für die Aufrechterhaltung der intrazellulären Ionenhomöostase, für die Zellintegrität und für die intrazellulären Tansportvorgänge wie den axoplasmatischen Fluß nicht mehr gegeben. Von besonderer Bedeutung ist dabei der starke Anstieg der zytosolischen Ca^{++}-Konzentration. Dadurch werden in großem Maße Phospholipasen aktiviert, die die membranbildenden Phospholipide metabolisieren. Diese werden zu freien Fettsäuren – vor allem zu Arachidonsäure und Prostaglandinen – abgebaut, wodurch zellschädigende freie Radikale entstehen. Durch Ca^{++} werden ebenfalls Proteasen aktiviert, die durch die Degradation von Proteinen das Zytoskelett der Zelle schädigen. Während der Rezirkulationsperiode erholt sich der Energiepool erstaunlicherweise rasch. Jedoch zeigte sich in Tierexperimenten, daß drei bis vier Tage nach einer

Ischämie im Hippokampus und im Neokortex erneut Defizite in der Energiebildung auftreten. Auch nach Wiederherstellung der Perfusion laufen diese genannten metabolischen Vorgänge noch weiter in unbekannter Art und Stärke ab, was durch die erst verzögert in Erscheinung tretenden Zelluntergänge im Hippokampus und im Neokortex deutlich wird.

Neurotransmitter und Rezeptoren

Wie aufgrund des pathogenetischen Mechanismus verständlich wird, sind bei der vaskulären Demenz die Neurotransmittersysteme uneinheitlich und nicht selektiv betroffen.

7. Die Genetik der Alzheimerschen Krankheit

Bei der Suche nach Risikofaktoren für die Alzheimersche Krankheit konnten eine Reihe von Variablen identifiziert werden, die das Entstehen dieser Erkrankung offenbar begünstigen (vgl. Kapitel 5). So stellen allgemein Kopfverletzungen, die Tatsache, weiblichen Geschlechts zu sein oder bereits einen Alzheimer-Kranken unter den Verwandten zu haben, die Diagnose einer Depression, ein erhöhtes Alter der Mutter bei der Geburt sowie das Vorkommen eines erblichen Down-Syndroms (Mongoloismus) in der Verwandtschaft Faktoren dar, die mit einem erhöhten Alzheimerrisiko in Verbindung gebracht werden. Diese Beobachtungen und das Wissen darum, daß bei anderen neurologischen Erkrankungen wie z. B. der Chorea Huntington ein genetischer Verursachungsmechanismus nachgewiesen werden konnte, bilden die Basis vielfach durchgeführter Zwillings- und Stammbaumuntersuchungen mit Alzheimerpatienten.

Was ersteres Vorgehen anbelangt, soll darauf hingewiesen werden, daß bis heute die Befunde als uneinheitlich zu betrachten sind, d. h. es ließen sich insgesamt keine sicheren Unterschiede zwischen den Konkordanzraten bezüglich neuropathologischer Befunde bei monozygoten bzw. dizygoten Zwillingspaaren nachweisen, obschon Einzelfallstudien teilweise verblüffend ähnliche Krankheitsverläufe bei eineiigen Zwillingen dokumentieren konnten.

Die Inzidenzrate der Alzheimerschen Krankheit bei Verwandten von gleichermaßen betroffenen Personen gilt (verglichen mit der Auftretenswahrscheinlichkeit dieser Erkrankung bei der Allgemeinbevölkerung) als 2- bis 5fach erhöht. Dennoch pendeln sich die Schätzungen zur familiären Inzidenzrate bei ca 70% sporadischer Fälle ein, d. h. es wird angenommen, daß die Alzheimersche Krankheit überwiegend bei Personen auftritt, bei denen keine Erkrankung der Eltern bekannt ist, was das Problem der Repräsentativität familiärer Fälle aufwirft. Einige Autoren nehmen deshalb sowohl eine Form der Alzheimerschen Erkrankung an, die früh auftritt und dem Ergebnis einer Genmutation gleichzusetzen ist, als auch – analog dazu – das Vorkommen einer späten Form, die kein genetisches Substrat aufweist. Für dieses Postulat sprechen die unterschiedlichen Inzidenzraten bei den Nachkommen in Abhängigkeit vom Zeitpunkt der Erkrankung beim Elter. Liegt dieser bei über 70 Jahren, so tritt die Erkrankung bei 25% der Nachkommen bis zum Alter von 90 Jahren in Erscheinung, was etwa den Zahlenverhältnissen in der Allgemeinbevölkerung entspricht; liegt er jedoch bei unter 70 Jahren, so errechnet sich für die Nachkommen bis zum Alter von 90 Jahren eine Inzidenzrate von 45%, so daß also bei späten Alzheimerfällen kaum Evidenz für genetische Faktoren besteht.

Mittlerweile sind ca. 50 Stammbäume von Familien mit Alzheimerscher Krankheit bekannt, davon 3 größere mit bis zu 159 Individuen, die laut Autoren allesamt die Hypothese eines „single defective"-Genes, also eines isolierten Gendefektes bzw. dessen autosomal dominante Übertragung (d.h. einer 50%igen Vererbungswahrscheinlichkeit auf die Kinder des Betroffenen) zu stützen scheinen. Da sich diese Stammbaumuntersuchungen aus methodischen Gründen jedoch meist auf Daten präseniler Fälle (Erkrankungsbeginn unter 55 Jahren mit einer mittleren Krankheitsdauer von 10 Jahren) stützen, ist deren Gültigkeitsbereich als eingeschränkt zu betrachten, d.h. ihre Ergebnisse sind im Rahmen eines Erklärungsmodells nicht für sämtliche Alzheimer-Fälle verwertbar.

Seit die Diskussion über eine genetische Basis der Alzheimerschen Krankheit ca. 1930 ihren Anfang genommen hat, wird auch von Chromosomenanomalien bei den betroffenen Patienten berichtet, die allerdings nur zum Teil Konsistenzen aufweisen. Die Tatsache, daß unter den meisten Autoren lediglich eine Einstimmigkeit hinsichtlich der Verknüpfung von Alter und Aneuploidie (meist Hypodiploidie, d.h. Chromosomenverluste) besteht, der Grad der individuellen Variation (auch im Normalbereich) aber als sehr hoch angegeben wird, hat strukturell-genetische Untersuchungen hinsichtlich ihres Erklärungswertes in den Hintergrund gedrängt; erfolgversprechender scheinen dagegen molekulargenetische Analysen zu sein.

Die Betrachtung der Alzheimerschen Krankheit in Verbindung mit anderen Pathologien, die im allgemeinen auf genetische Prozesse zurückgeführt werden, wurde auf systematische Art und Weise erstmals von Heston und Mastri (1977) geleistet:

Im Rahmen einer Autopsie-Studie zwischen den Jahren 1952 und 1973 unter Verwendung der Hirne 2204 psychiatrischer Patienten wurde das Augenmerk auf die Familien der 30 als dement (Alzheimersche Krankheit) klassifizierten Fälle (bei einer Gesamtziffer von 107 Dementen) gelenkt. In 10 der Familien wurden keine weiteren Erkrankungsfälle gefunden, so daß sich das Datenmaterial der Autoren auf insgesamt 777 Verwandte aus 20 Familien stützt. 22 dieser Personen zeigten im Alter von 57,1 Jahren Symptome der Alzheimerschen Krankheit, was Heston und Mastri als familiäre Häufung ansehen. Entscheidender jedoch ist, daß sich eine Vielzahl weiterer Auffälligkeiten dokumentieren ließ: Unter den Verwandten der Alzheimer-Dementen fanden sich 6 Patienten mit einem Down-Syndrom, was bei Betrachtung der Auftretenswahrscheinlichkeit dieser Störung von weniger als 1 : 10000 einer Exzessrate gleichkommt. Das im Vergleich zur Durchschnittsbevölkerung zwischen

2 und 8 Jahren erhöhte Alter der Mutter bei der Geburt des zukünftigen Alzheimer-Patienten wirft eine weitere augenfällige Parallele zwischen Alzheimerscher Krankheit und Down-Syndrom auf, wobei sich derartige Befunde auch auf die sogenannten Mosaikformen des Down-Syndroms beziehen, während die Translokalisationsform als altersunabhängig gilt. Es wird auch von Auffälligkeiten hinsichtlich der Händigkeit bei den Krankheitsbildern Alzheimer-Demenz und Down-Syndrom berichtet; so von reduzierten Zahlen an Linkshändigen (wobei Alter und Rechtshändigkeit im allgemeinen korreliert sind) und von gleichermaßen „abnormen" Handzeichnungen.

Bei 5 (verstorbenen) Verwandten von Alzheimer-Patienten der Heston und Mastri-Studie waren andere angeborene, nicht näher spezifizierte chromosomale Aberrationen aufgetreten, bei den restlichen fanden sich überzufällig häufig kongenitale Abnormitäten wie zerebral bedingte Lähmungserscheinungen und Lippenspalte. Auch die Anzahl neonatal Verstorbener, die sich im allgemeinen auf 17 von 777 beläuft (0,02%) lag mit 13 von 241 (0,05%) bei den Verwandten ersten Grades und 12 von 536 (0,022%) bei den Verwandten zweiten Grades höher. Ein Erkrankungsrisiko von $0{,}08 \pm 0{,}02$ für maligne Blutveränderungen bei den Verwandten von Alzheimer-Patienten, verglichen mit einer Rate von 0,02 bei der Allgemeinbevölkerung, kommt der Exzessrate bezüglich Leukämie- und Tumorerkrankungen bei Patienten mit einem

Down-Syndrom gleich (für Leukämie besteht eine 15- bis 20fach erhöhte Erkrankungswahrscheinlichkeit, wobei umgekehrt auch Leukämiepatienten überzufällig häufig vom Down-Syndrom betroffen und gehäuft in Familienverbänden anzutreffen sind). Außerdem lassen sich eine ganze Reihe von Krankheiten in ungewöhnlich jungen Jahren bei Verwandten ersten Grades von Alzheimer-Patienten nachweisen, die im weiteren Sinne als Störungen des Immunsystems angesehen werden (Diabetes mellitus, Schilddrüsenerkrankungen, Arthritis, Anämie, rheumatische Erkrankungen, Lupus, Colitis ulcerosa, Glomerulonephritis, Multiple Sklerose).

Diese Befunde, die von anderen Autoren (teilweise) repliziert werden konnten, machten es sinnvoll, nach einem den beiden Krankheitsbildern der Alzheimerschen Krankheit und des Down-Syndroms gleichermaßen zugrundeliegenden genetischen Defekt zu suchen, auch unter Miteinbeziehung der Möglichkeit einer pränatalen Diagnose eines Down-Syndroms bei schwangeren Frauen aus einer Alzheimer-belasteten Familie. In diesem Zusammenhang wird von der Heston-Gruppe ein Mikrotubuli-Defekt (Mikrotubuli sind wichtig für die Zellteilung) als prädisponierend für eine Alzheimersche Krankheit als auch für die Ausbildung eines Down-Syndroms sowie sogenannte „myeloproliferative Störungen" wie z. B. die Hodgkinsche Krankheit, Lymphosarkome und Knochenmarksgeschwülste eingestuft. Auch von anderen Forschern werden die Anfänge der für die Alzheimersche Krankheit typischen Plaques und PHF-Polypeptide (neurofibrilläre Bündel) in Verbindung mit diesen Strukturen gebracht, d. h. einerseits mag eine von Mikrotubuli-Dysfunktionen herrührende fehlerhafte Teilung der Gameten, der geschlechtsdiffenzierten Fortpflanzungszellen, zu Chromosomenanomalien wie der Trisomie-21 führen, andererseits kommt es nach dieser Ansicht durch eine ebenfalls auf mikrotubuläre Schwächen rückführbare fehlerhafte Anordnung intrazellulären Proteinmaterials zur Bildung der Alzheimer-typischen gepaarten helikalen Filamente.

Allein aufgrund dieser Befunde kann die Beteiligung genetischer Faktoren an der Ausbildung einer Alzheimerschen Krankheit kaum mehr geleugnet werden; die stärkste Evidenz jedoch zeigt sich anhand der Ergebnisse sogenannter „Linkage“-Studien und komplementärer DNA-Techniken.

Nachdem erstgenannte Methode zur Lokalisation des Chorea Huntington-Genes gute Dienste geleistet hatte, wurde sie auf eine Reihe anderer Erkrankungsmuster angewandt. Neben der Alzheimerschen Krankheit beispielsweise auf die muskuläre Dystrophie Duchenne, die sich als X-chromosomal gesteuert herausstellte, und auf die manisch-depressive Erkrankung, die möglicherweise mit Defekten des Chromosoms Nr. 11 in Verbindung steht.

Sobald ein Gen in 2 distinkten, d. h. unterscheidbaren Ausprägungen (Allelen) beim Individuum vorkommt (z. B. Blutgruppenallele A und B), kann jedes Allel dazu benützt werden, die Vererbung des Chromosoms, auf dem es liegt, nachzuweisen.

Wenn 2 Gene auf einem Chromosom sehr nahe beieinanderliegen, so wird es entsprechend häufig vorkommen, daß sie zusammen weitergegeben werden. Die Häufigkeit einer Rekombination zwischen den beiden Genen kann somit als Maß der Distanz ihrer Loki verwendet werden. „Linkage" ist definiert als Zustand, bei dem die Genloki so eng beieinanderliegen, daß die Rekombinationsfrequenz unter 50% liegt.

Wenn man also davon ausgeht, daß bei der Alzheimerschen Krankheit zwei verschiedene Chromosomen (eines als Träger des defekten Allels und eines, auf dem das normale Allel lokalisiert ist) existieren, so ist eine Lokalisation des der Krankheit zugrundliegenden Gendefektes entsprechend der oben beschriebenen Methode möglich, allerdings nur unter Verwendung geeigneter genetischer Marker bekannten Chromosomenortes, die sich durch Polymorphismus (Allelvariation) auszeichnen. Der nächste Schritt besteht dann in einer Untersuchung des gemeinsamen Vorkommens dieses Markers und des defekten Gens bei Mitgliedern von von der Krankheit betroffenen Stammbäumen. Auf diesem Wege war es in aktuellen Studien möglich – nachdem die Aufmerksamkeit durch durch die oben ausgeführten Gemeinsamkeiten zwischen der Alzheimerschen Krankheit und dem

Down-Syndrom auf das 21. Chromosom gelenkt worden war – dort einen Alzheimer-Lokus, FAD-Gen genannt, zu entdecken. Abbildung 8 gibt den Stand der Lokalisationsforschung, bezogen auf das 21. Chromosom, in groben Zügen wieder.

Für den Down-Syndrom-Phänotyp ist demzufolge die Trisomie der „q22-Region" des 21. Chromosoms (insbesondere des Abschnitts 22.1/22.2) verantwortlich. Beschriebene „Linkage"-Analysen identifizierten den (familiären) Alzheimer-Lokus mit „D21S16"; der, den nachfolgend skizzierte komplementäre DNA-Techniken erbrachten, ist

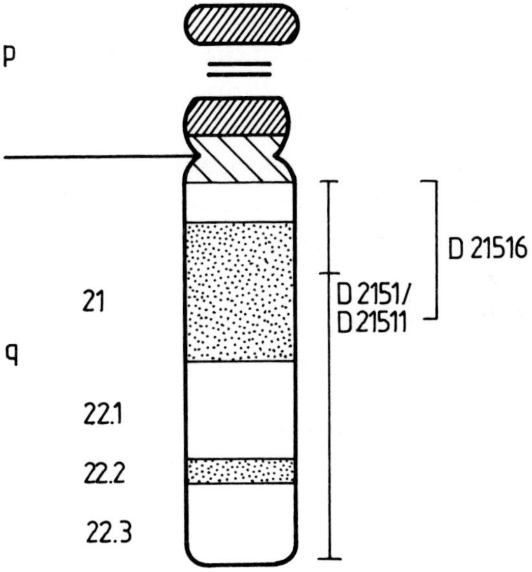

Abbildung 8

mit „D21S11“ bezeichnet und befindet sich somit im gleichen Bereich. (Allerdings unterscheiden sich die beiden Loki, wie durch die Beobachtung der Rekombination beider Orte belegt ist.)

Bei der komplementären DNA-Technik wird Bezug genommen auf das „Amyloid-Fibrillen-ß-Protein“ der Plaques, Tangles und der Blutgefäßdegenerationen, die sowohl beim Menschen als auch beim nichtmenschlichen Primaten vorkommt, d. h. es wird entschlüsselt, welche genetische DNA-Sequenz den Aminosäuren dieses Proteins (als A4 bezeichnet) entspricht. So weiß man mittlerweile, daß das A4 aus einem längeren Molekül mit etwa 700 Aminosäurebausteinen hervorgeht, selbst jedoch nur aus 43 Aminosäuren besteht. Das A4-Vorläuferprotein ist in die Zellmembran eingebettet, ist also ein Membranprotein, welches wahrscheinlich als Rezeptor für die Herstellung von Kontakten zwischen Zellen wirkt.

Die Klonierung (eine Technik, die der Herstellung genetisch identischen Materials dient) des Amyloid-Proteins hat – wie bereits erwähnt – dazu geführt, den A4-Lokus in der Nähe des Gens für familiäre Alzheimer-Erkrankungen anzusiedeln, einem Teil des 21. Chromosoms, der bei der Trisomie-21 als verdoppelt gilt.

Im Zusammenhang mit durch Erforschung des Down-Syndroms wahrscheinlich gewordenen Ursachen der Alzheimerschen Krankheit soll noch auf Überlegungen zur nicht-regelhaften intrazellulären Oxydation hingewiesen werden.

Der Vorgang der intrazellulären Oxydation steht einerseits nämlich mit Alterungsprozessen in Zusammenhang und läuft andererseits bei Down-Syndrom-Patienten nicht regelrecht ab, bedingt durch eine (vom 21. Chromosom kontrollierte) Hyperproduktion von SOD-1, der sogenannten „Cu/Zn-Superoxid-Dismutase". Dieses Enzym, das in den roten Blutkörperchen, den Fibroblasten, Thrombozyten, Lymphozyten, Granulozyten und dem Gehirn wirksam wird, schützt vor der Einwirkung freier Sauerstoffradikale, die im Zusammenhang mit Alterungsprozessen diskutiert werden, indem es die Umwandlung (Dismutation) von O_2^- zu H_2O_2 und O_2 katalysiert. Das Gen, das die SOD-1 kodiert, konnte ebenfalls auf dem Chromosom 21 lokalisiert werden, und somit liegen Zusammenhänge zwischen dem anonymen DNA-Abschnitt des sog. FAD-Genes, dem Gen, das für die Synthese des Amyloidproteinvorläufers (A4-Vorläuferprotein) verantwortlich ist, und dem Gen für die Synthese der SOD-1 nahe.

8. Diagnosemöglichkeiten und Differentialdiagnose dementieller Erscheinungsformen

8.1. Medizinisch orientierte Demenzdiagnostik

Eine Reihe von meist routinemäßig durchzuführenden Laboruntersuchungen (Blut, Serum, Urin, CSF) und apparative Untersuchungen wie Röntgen-Thorax, EKG, EEG, CT oder DSG dienen hauptsächlich der Aussonderung einer Behandlung zugänglicher Erkrankungen mit Demenz-Symptomatik (vgl. Tabelle 4).

Gebräuchliche, nicht-invasive Untersuchungsmöglichkeiten haben sich als unterschiedlich valide herausgestellt; die sichere Diagnose einer Alzheimer-Demenz läßt sich nach wie vor nur postmortem mittels eines neuropathologischen Befundes stellen.

Tabelle 4: Behandelbare/nicht-behandelbare Erkrankungen mit Demenz-Symptomatik

---

1. Behandelbare Erkrankungsformen mit Symptomen einer Demenz (ca. 20% der Demenzzustände):
   A) Pseudodemenz
   Depression und
   andere psychiatrische und neurologische Erkrankungen wie Schizophrenie oder Epilepsie
   B) Zerebrale Neoplasmen, subdurale Hämatome oder normotoner Hydrozephalus
   C) Behandelbare metabolische oder infektiöse Störungen (delirante Zustände mit Bewußtseinstrübung, örtlicher und zeitlicher Desorientierung, wahnhaften Verkennungen, Halluzinationen und motorischer Unruhe)

2. Nicht ursächlich behandelbare Erkrankungsformen:
   A) Alzheimer-Demenz per Ausschlußdiagnose (vgl. Tabelle 5)
   B) Multi-Infarkt-Demenz
   C) Alkoholische Demenz
   D) Chorea Huntington
   E) Parkinsonsche Krankheit
   F) Creutzfeldt-Jacob-Krankheit
   G) Maligne Hirntumore
   H) andere (posttraumatische Atrophie, Residualeffekte einer Subarachnoidalblutung etc.)

8.1.1. Elektrophysiologische Maße

8.1.1.1. EEG

Die Brauchbarkeit des EEG zur Demenzdiagnostik scheint aus mehreren Gründen eher fragwürdig. Zunächst treten bei ca. einem Drittel der normalen alten Bevölkerung ab der sechsten Lebensdekade EEG-Veränderungen auf (in der Regel eine Verlangsamung mit Theta-Betonung in temporalen Bereichen), ohne daß diese im Sinne eines pathologischen Prozesses zu deuten wären. Andererseits hat sich das EEG bei einer Vielzahl von Fällen degenerativer Demenz als unauffällig bzw. nur geringfügig verändert erwiesen. Es gibt somit überwiegend Evidenz dafür, daß dieses Maß nicht zuverlässig zwischen senil Dementen und Kontrollpersonen zu differenzieren vermag. Dies nicht zuletzt dadurch, daß es sowohl eine Gruppe senil Dementer mit normalem EEG als auch eine Subpopulation derartig Erkrankter mit (allerdings nicht pathognostischen) diffusen EEG-Veränderungen in Form generalisierter langsamer Wellen des Frequenzbereichs 1,5-7,5 Hz zu geben scheint, sprich eine enorme Variabilität des EEG-Maßes auch im pathologischen Bereich.

Weitere Kritikpunkte beziehen sich auf die umstrittene Korrelation zwischen EEG-Auffälligkeiten und Testperformanz bzw. Demenz-Schweregrad. Hinreichend gesichert scheint lediglich ein Zusammenhang mit dem Ausmaß des Neuronenverlusts, was aber wiederum deutlich macht, daß eine elektroencephalographische Untersuchung zur Früherkennung dementieller Prozesse unbrauchbar ist. Dies untermauern auch Untersuchungen, die die Demenz-EEG-Muster in insgesamt vier Cluster aufteilten (A = Alpha-Muster, B = Beta-Muster, C = Verlangsamte Aktivität, D = Delta-/Theta-Exzess mit stärkerer linkshemisphärischer Betonung). Hierbei zeigte sich, daß die Aktivitätsmuster A bis C auch bei Normalen zu finden sind, daß frühe Demenzfälle – abgesehen von der nicht durchgängigen Auffälligkeit eines relativen Beta-Defizits – über alle vier Muster hinweg in etwa gleichmässig verteilt sind und daß lediglich schwerere bis schwere Demenzgrade repräsentierende Erkrankungsstufen zumindest etwa zur Hälfte eindeutig dem Cluster D zugeordnet werden können.

Trotz all dieser Einwände soll im folgenden vor dem Hintergrund, daß ein normales EEG viermal so häufig bei Kontrollprobanden (verglichen mit Demenz-Patienten) zu finden ist und Beziehungen des EEG-Maßes zur kognitive Prozesse mediierenden cholinergen Aktivität bestehen, eine Sammlung der wichtigsten bislang dokumentierten EEG-Auffälligkeiten bei Demenz-Patienten wiedergegeben werden.

Als eines der wenigen qualitativen Unterscheidungskriterien hinsichtlich normalen und pathologischen Alterns werden beispielsweise diffuse Delta- und triphasische Wellen genannt. Was regionale

Aspekte anbelangt, so scheinen in erster Linie posteriore Temporallappenbereiche rechts bzw. anterior-temporale Regionen links und symmetrische anterior-frontale Bereiche zur Differenzierung von Wichtigkeit zu sein. Alzheimer-Demente werden überwiegend mit einer stärkeren Verlangsamung des dominanten Okzipital-Rhythmus und einer Betonung der Theta- und Delta-Aktivität (bzw. einer Beta-Verringerung) sowie mit Paroxysmen und sogenannten H-Reaktionen in Verbindung gebracht, allgemein mit einer stärker synchronisierten Aktivität (v. a. temporal), während normales Altern eher durch eine Desynchronisation gekennzeichnet ist.

Im Rahmen eines differentialdiagnostischen Vorgehens (degenerativ versus vaskulär) sind EEG-Befunde am wenigsten eindeutig interpretierbar. Das bedeutendste Indiz hierbei bildet wohl die Beobachtung, daß Asymmetrien häufiger bei MID-Patienten zu finden sind, was jedoch zur reliablen Trennung von Alzheimer- und MID-Patienten bei weitem nicht als ausreichend zu erachten ist.

Abschließend und zusammenfassend festhalten läßt sich folgendes:

a) Die Differenzierung von normalem und pathologischem Altern mittels EEG scheint nur in manchen Fällen möglich; das EEG von Demenz-Patienten zeichnet sich durch eine überwiegende Theta- und Deltaaktivität, paroxysmale Einstreuungen und einen dominanten

Okzipitalrhythmus aus, der mit wachsendem Alter zu verlangsamen beginnt.

b) Ein normales EEG sollte den behandelnden Arzt für eine Pseudodemenz sensibilisieren.

c) Mittels EEG-Befund kann u. U. ein Ausschluß epileptischer Erkrankungen ermöglicht werden.

d) Andere, nicht durch Epilepsie induzierte Paroxysmen können einen Hinweis auf die Creutzfeldt-Jacob-Krankheit oder eine Enzephalitis darstellen.

e) Ein fokal niederamplitudiges EEG kann den Verdacht auf Tumorbildung oder ähnliche lokale Läsionen erhärten.

f) Schwerwiegende Auffälligkeiten in Richtung einer extrem niederamplitudigen Gesamtaktivität lassen toxische/metabolische Einwirkungen vermuten.

8.1.1.2. Evozierte Potentiale

Akustisch evozierte, also ereignisbezogene Potentiale (AEP) werden nach der Präsentation eines auditiven Reizes vom Schädel abgeleitet. Hierbei erfolgte zur Diagnose/Differentialdiagnose der Alzheimer-Demenz eine Konzentration auf spät auftretende Wellenkomplexe wie der P 300- und N 200-Zacke (positiver Anstieg nach 300 msec bzw. negativer Ausschlag 200 msec nach der Stimulus-Präsentation) und den sogenannten „slow-wave“-

Komponenten (positiv bei parietalen und negativ bei frontalen Elektroden).

Da beispielsweise die (überwiegend cholinerge Aktivitäten widerspiegelnde) „P 300-Latenz" mit wachsendem Alter ansteigt (allerdings nicht linear), ergibt sich auch hier das Problem der Abgrenzung pathologischer und normaler Alterungsanzeichen. Die genannten drei Komponenten (P 300, N 200 und „slow-wave") werden mit Aufmerksamkeit und Kurzzeitgedächtnis sowie mit hippokampaler Aktivität in Verbindung gebracht. Auch wird von der Verknüpfung des AEP-Maßes mit dem Hirnmasse-Ventrikel-Verhältnis ausgegangen.

Die in Bezug auf Demenz-Diagnostik relevanten, bislang hinreichend dokumentierten Koeffizienten sind: eine P 300- bzw. N 200-Latenzerhöhung, die Steigerung der N 200-Amplitude sowie die Abschwächung des P 300-Ausschlags. Die Brauchbarkeit dieser Größen in klassifikatorischer Hinsicht läßt sich vor dem Hintergrund großer Standardfehler, d. h. großer individueller Variation nur als eingeschränkt angeben; dies gilt vor allem hinsichtlich Studien über mehrere Personen hinweg, erfolgversprechender scheint ein Längsschnitt-Verfahren.

8.1.2. Bildgebende Verfahren

8.1.2.1. Computertomographie

Die mit neuroradiologischen Methoden nachweisbare Ventrikelerweiterung und die Verbreiterung der Sulci sind nicht eindeutig interpretierbar, da diese Veränderungen auch bei nicht-dementen, alten Menschen zu finden sind. Andererseits sind Fälle von Demenz in der Literatur beschrieben, bei denen im CT keine Auffälligkeiten bestanden. Es fehlen zudem Charakteristika, die für die eine oder andere Form von hirnorganischem Abbauprozess typisch wären (sieht man davon ab, daß eine schwere Atrophie der anterioren Temporallappen und der unteren Frontallappenbereiche eine Picksche Krankheit vermuten lassen). Auch die Schwere einer Demenz korreliert nicht mit dem Grad der Atrophie, wobei Einzelfälle diesen Zusammenhang dennoch deutlich hervortreten lassen können (s. Abb. 2a–c).

8.1.2.2. Kernspintomographie

Erste Messungen mit der Kernspintomographie an senil Dementen lassen hoffen, daß sich diese Methode in Zukunft als diagnostisch und differentialdiagnostisch brauchbar erweisen wird. Die berechneten (T_1-) Werte (der weissen Substanz des Gehirns) scheinen mit dem Schweregrad der

Erkrankung zu korrelieren, Ansätze zur Diskrimination von Alzheimer- und MID-Dementen (mittels Berechnung der Protonendichte der weissen Substanz) sind ebenso vorhanden.

8.1.2.3. Cerebrale Blutfluß-(CBF-) Analysen

Bei der Demenz kommt es zu einer rapiden Abnahme des zerebralen Blutflusses; hierbei scheint die Abnahme generell bei der MID leicht stärker zu sein als bei Alzheimer-Patienten. Neuerdings wurde gefunden, daß einer MID Abnahmen im CBF vorangehen, während sie der DAT folgen. Differentialdiagnostisch wird die konventionelle CBF-Methode zukünftig vermutlich durch die Single-Photonen-Emissions-Computer-Tomographie (SPECT) ersetzt werden, die eine meßtechnische Fortentwicklung darstellt und bei hoher Meßsensitivität rasch die Erfassung von Aktivitätsverteilungen im gesamten Gehirn erlaubt, wobei allerdings das Auflösungsvermögen (1 bis 2 cm) geringer ist als bei der Positronen-Emissions-Tomographie (PET).

8.1.2.4. Positronen-Emissions-Tomographie (PET)

Während sich mittels der Röntgen-Computer-Tomographie und der Kernspintomographie ausschließlich bzw. überwiegend die Morphologie des

Zentralnervensystems abbilden läßt, können mit Hilfe von Positronen-Emissions-Tomographie (PET) im Gehirn stattfindende physiologische Prozesse dargestellt werden. Darüberhinaus ist die PET-Methode anderen, in der Hirndiagnostik verwendeten bildgebenden Verfahren überlegen, weil sich auch Auswirkungen fokaler Läsionen auf andere Hirnteile bestimmen lassen. Dem Xenon-Verfahren zur Messung des regionalen Blutflusses ist sie überlegen, da sich auch vaskuläre Prozesse in der Tiefe des Gehirns differenzierend erfassen lassen.

Beim PET-Scanning wird das Verhalten von zuvor in einem Zyklotron hergestellten Positronenstrahlern – die beim Übergang eines Protons in ein Neutron ein Positron emittieren – mit Hilfe von in Koinzidenz geschalteten Detektoren registriert und computergestützt die Aktivitätsverteilung des Positronenstrahlers ermittelt. Aufgrund physikalischer Gesetzmäßigkeiten und apparatebedingt liegt das maximal erreichbare Auflösevermögen bei 2-3 mm, derzeit verwendete Apparaturen kommen in der Regel über 7 mm nicht hinaus. Die am häufigsten zur Quantifizierung von Glukosestoffwechsel und Hirndurchblutung verwendeten Isotope sind 15O und 18F; zukünftig mögen weitere Isotope wichtig werden, da sich grundsätzlich alle organischen Verbindungen mit Positronenstrahlern markieren lassen.

Der Gebrauch von PET zur Analyse des Hirnstoffwechsels erbringt zunehmend differentialdiagnostisch bedeutende Ergebnisse. In Studien, die CT-, Kernspin- und PET-Analysen vergleichen, wird zumindest hinsichtlich der DAT eine exakte Analyse der Schwere der Krankheit mittels PET konstatiert. Das Ausmaß der intellektuellen Leistungsabnahme scheint dabei direkt mit dem Grad der Stoffwechselreduktion betroffener Hirngebiete einherzugehen, so daß selbst eine Diagnose in den frühen Stadien der DAT möglich erscheint. Hierbei hat sich gezeigt, daß im Verlauf der Alzheimerschen Krankheit zunächst ein verminderter Glukosestoffwechsel in Bereichen der posterioren Assoziationsgebiete (posteriorer Temporallappen, Parietallappen, anteriore Ausläufer des Okzipitallappens), erst später dann auch in präfrontalen Regionen manifest wird.

In einer aktuellen Studie zeichneten sich Alzheimerpatienten sowohl durch einen Zusammenbruch des normalen interhemisphärischen Zusammenwirkens zwischen homotopen Regionen und zwischen frontalen und parietalen Kortexregionen als auch durch ein relatives Erhaltenbleiben der Aktivität in primären sensorischen und motorischen Kortexbereichen aus; wie zu erwarten, zeigten MID-Patienten fokale, asymmetrisch liegende hypometabolische Gebiete. Eine Hemisphärenasymmetrie im Glukoseverbrauch scheint aber auch bei Alzheimerpatienten häufig nachweisbar, so beispielsweise eine verminderte Aktivität der linken Hirnhälfte, wenn sprachliche Störungen im Vordergrund stehen bzw. eine Suppression der rechten bei primär konstruktiven Dysfunktionen. Derartige Stoffwechselstörungen sind bereits erfaßbar, bevor Änderungen im CT sichtbar werden. Problematisch an den erwähnten Arbeiten ist jedoch, daß sich die Demenzdiagnose an klinischen (und damit hinsichtlich der Diagnose unsicheren) Kriterien orientiert und daß Alzheimer-Patienten kleinere Gehirne als altersparallelisierte Vergleichsprobanden haben, demzufolge auch niedrigere Stoffwechselraten für Glukose zu erwarten sind.

Die PET-Methode scheint dennoch geeignet, selbst Pick- und Alzheimer-Krankheit zu trennen; auch erlaubt sie eine Trennung von Patienten mit normotonem Hydrocephalus und Alzheimerscher Demenz.

8.2. Neuropsychologisch orientierte Demenzdiagnostik

Neuropsychologisches Vorgehen basiert auf der Anwendung meist mehrerer psychopathometrischer Diagnoseinstrumente verschiedenen Geltungs- und Gültigkeitsbereichs. Wiederholtes neuropsychologisches Testen ist ein ideales Mittel zur Verlaufsdiagnostik, Diagnoseerhärtung und Therapieerfolgsdokumentation.

Die gebräuchlichen Verfahren verfolgen mehrere differentialdiagnostisch bedeutsame Diskriminationsversuche, vorwiegend die Abgrenzung

- normaler Alterungsprozesse („benign senescent forgetfulness“) und dementer Verläufe,
- depressiver Zustände und irreversibler Abbauprozesse,
- degenerativer und vaskulärer Demenztypen.

Dementsprechend bewegen sich die üblichen Tests zwischen kurzen, standardisierten Skalen, die innerhalb weniger Minuten einen ersten Eindruck objektivieren, und elaborierten Komplexverfahren, deren Items mehrere relevante kognitive und nicht-kognitive Leistungsbereiche abdecken.

8.2.1. Normales oder pathologisches Altern?

Die Entscheidung, ob es sich bei einem bestimmten Probanden um altersentsprechende Leistungsdefizienzen oder um den Beginn eines pathologischen Abbauprozesses handelt, erfordert zunächst die Durchführung von Screening-Tests, welche alterskorrelierte Normen aufweisen. Das gebräuchlichste Verfahren, der *Mini-Mental-State* von Folstein und Mitarbeitern (s. Anhang), versucht den kognitiven Zustand eines Patienten mittels nur 30 Fragen zur Orientierung bezüglich Raum und Zeit, Gedächtnis, Aufmerksamkeit, Benennungsfähigkeit sowie zum Befolgen von Anweisungen, Schreiben und Kopieren geometrischer Gebilde zu beschreiben.

Die dabei von entsprechenden Eichstichproben erzielten Werte liegen für Demente bei knapp 10, für Depressiv-Pseudodemente bei 19 und für affektiv Gestörte bei 25 (von jeweils 30 Punkten), so daß im allgemeinen bei einem Gesamtpunktwert unter 20 von einem begründeten Verdacht auf eine Demenz-Erkrankung ausgegangen wird. Eine Diagnose lässt sich auf dem Boden dieses einfachen Verfahrens zwar nicht stellen, jedoch ermöglicht es, weitere diagnostische Schritte zu planen, je nachdem, inwieweit sich erste Verdachtsmomente erhärten lassen oder nicht.

Andere Testverfahren, die nicht nur eine Abgrenzung dement – nicht dement vorzunehmen in der Lage sind, sondern auch der Beurteilung des Verlaufs dementieller Syndrome dienen und zwischen verschiedenen Graden der Beeinträchtigung zu differenzieren vermögen, finden sich bislang fast nur für den englischsprachigen Raum, der hier vernachlässigt werden soll.

Deutschsprachige Verfahren beschränken sich neben dem Nürnberger-Alters-Inventar (Oswald et al., 1985) auf den „Syndrom Kurz Test“ (SKT, Erzigkeit, 1989) und den „Demenztest“ (Kessler et al., 1988). Während der Syndrom-Kurz-Test bei einer etwa viertelstündigen Bearbeitungszeit und mit fünf Paralleltests für häufige kurze Untersuchungen sehr geeignet ist, bietet sich der Demenztest für eine ausführliche Untersuchung des kognitiven und nicht-kognitiven Leistungsspektrums an. Als sehr nützlich für die Schweregradbeurteilung hat sich darüber hinaus auch die siebenstufige Einteilung nach Reisberg erwiesen (siehe S. 34).

Grundsätzliche Überlegungen zur (Ausschluß-) Diagnose der Alzheimerschen Krankheit beschreibt Tabelle 5.

Tabelle 5: Aus-/Einschluß der Alzheimerschen Krankheit bei der Beurteilung dementer Patienten nach Lauter (1985)

ZEIT - - - - - - - - - - - -	kurzzeitig (wenige Wochen bis Monate) →! Ausschluß
VERLAUF - - - - - - - - -	zunehmender Abbau nicht eindeutig ausmachbar →! Ausschluß
DEPRESSION - - - - - -	depressive Charakterzüge im Vordergrund zusammen mit depressiver Vorgeschichte oder Vorhandensein affektiver Störungen bei Verwandten →! Ausschluß
ÄTIOLOGIE - - - - - - -	Demenz durch andere spezifische Agenzien →! Ausschluß
KLINISCHE CHARAKTERISTIKA - - - - - - -	nicht typisch oder fraglich →! Ausschluß; typisch, aber auch für M.I.D. charakteristisch →! Alzheimer/M.I.D. typisch →! Alzheimersche Krankheit

8.2.2. Depression oder Demenz?

Ältere Depressive zeichnen sich durch sozialen Rückzug, Gedächtnisprobleme, reduzierten Realitätsbezug, verminderte Selbstversorgungskompetenz und schlechtere Leistungen bei komplexen intellektuellen Funktionen aus, was leicht dazu führen kann, daß sie als Demente fehldiagnostiziert werden (Fehldiagnose-Rate liegt bei ca. 20%). Neuropsychologisch betrachtet lassen sich die Fälle von Depression durch das Aufzeigen eines nicht generalisierten Testleistungsabbaus, der sich zudem als testzeitpunktabhängig erweist, herausfiltern. Auf die zusätzliche Anwendung von spezifischen Depressions-Skalen sollte dennoch nicht verzichtet werden. Gershon und Herman (1982) differenzieren Depression und Demenz entsprechend Tabelle 6.

Tabelle 6: Hinweise zur Abgrenzung von Depression und Demenz (nach Tabelle 6 von Gershon & Herman, 1982).

Charakteristikum	Depression	Demenz
Einsetzen der Symptomatik	abrupt	schleichend
Stimmung und Verhalten	stabil, Patient gewöhnlich depressiv, apathisch	schwankend
Kognitiver Status	Pseudodemenz, evtl. teilweise Leistungsausfälle	schwere kognitive Defizite
Selbstbild	negativ, Selbstvorwürfe	normal, ohne Selbstvorwürfe
Somatische Beschwerden	Vegetative Zeichen, Schlaf- und Eßstörungen	Schlafstörungen
Dauer der Erkrankung	begrenzt, einer Therapie (EKT, Medikamente, Psychotherapie) zugänglich	chronisch und progressiv

Die Autoren adaptierten diese Tabelle nach R. Katzman: Early detection of senile dementia. Hospital Practice 16, 61 (1981).

8.2.3. Vaskulärer oder degenerativer Demenz-Typ?

Die nach Richtlinien der Mayer-Groß-Kriterien erstellten Items des bezüglich der obigen Fragestellung am häufigsten verwendeten und am wenigsten aufwendigen, jedoch nicht unkritisiert gebliebenen Ischämie-Scores von Hachinski lauten wie in Tabelle 7 wiedergegeben. Es sind hierbei maximal 18 Punkte zu vergeben, wobei ab sieben Punkten die vorläufige Diagnose einer Multi-Infarkt-Demenz nahegelegt wird, bei 4 oder weniger Punkten die einer Alzheimerschen Erkrankung.

Tabelle 7: Ischämie-Score nach Hachinski

Es soll erfragt werden,	Punkte ja	Punkte nein
ob die Symptomatik des Pb abrupt und plötzlich eintrat	2	0
ob die Symptomatik sich schrittweise verschlechtert hat	1	0
ob die Symptomatik einen fluktuierenden Verlauf aufweist	2	0
ob insbesondere eine nächtliche Verwirrtheit vorliegt	1	0
ob die Persönlichkeit weitgehend erhalten blieb	1	0
ob eine Depression vorliegt	1	0
ob körperliche Beschwerden vorliegen	1	0
ob ein emotionaler Kontrollverlust zu beobachten ist	1	0
ob Bluthochdruck in der Vergangenheit vorlag	1	0
ob der Pb in der Vergangenheit einen Hirnschlag hatte	2	0
ob Hinweise auf eine zusätzliche Arteriosklerose vorliegen	1	0
ob der Pb fokale neurologische Symptome . .	2	0
und fokale neurologische Anzeichen aufweist.	2	0

SUMME: ________

Die Hachinski-Skala basiert im wesentlichen auf dem Befund einer MID-charakteristischen, abrupt einsetzenden, „inselförmig“ und fluktuierend verlaufenden Verschlechterung intellektueller Fähigkeiten und dem Vorliegen neurologischer Herdzeichen und Ausfälle (Schwäche der Extremitäten, Reflexasymmetrien, Dysarthrie etc.).

Angesichts des im Gegensatz zur MID progredienten Verlaufs bei Alzheimer-Erkrankten wird die Wichtigkeit von wiederholten neuropsychologischen Messungen zur Diagnosefindung deutlich (vgl. Tabelle 8).

Tabelle 8: Differentialdiagnose von Multi-Infarkt-Demenz und Alzheimerscher Krankheit (Nach Tab. 4 von Gershon & Herman, 1982)

Charakteristikum	M.I.D.	Alzheimersche Demenz
Beginn	meist abrupt	schleichend
Verlauf	stufenweise und paroxysmal	graduell, progressiv
Geschlecht	Männer häufiger	gleich verteilt
Fokale ZNS-Zeichen	häufig	fehlen normalerweise
Pathologie	zerebrale Erweichungen, Infarkte, Arteriosklerose	neurofibrilläre Bündel, senile Plaques, granulovakuoläre Degeneration, zunehmender Verlust denritischer Dornen
Autoimmunität	normale hirnreaktive Antikörper	gegenüber dem Alter erhöhte hirnreaktive Antikörper
Genetik	kein erhöhtes Chromosomenbrüchen	zunehmende Chromosomenbrüche

Charakteristikum	M.I.D.	Alzheimersche Demenz
Biochemie	keine Änderung in der Cholinazetyltransferaseaktivität	Cholinazethyltransferaseaktivität umgekehrt proportional zur Schwere der Demenz
CT-Bild	fokale, asymmetrische Pathologie	Symmetrische Atrophie und Ventrikelerweiterung hat Bezug zur Schwere der Demenz

(Adaptiert nach B. Reisberg, Brain failure. An introduction to current concepts of senility. New York: The Free Press, 1981, S. 67.)

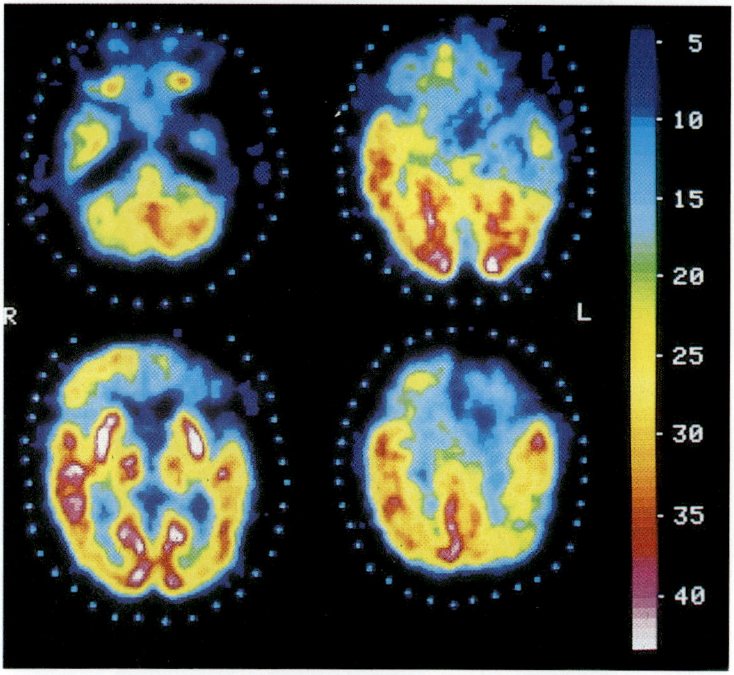

Abbildung 9: Eine neurodegenerative Erkrankung aus dem Formenkreis des Morbus Pick. Deutlich ist die beidseitige (links mehr als rechts) hochgradige Glukose-Stoffwechselminderung in der präfrontalen, frontalen und frontolateralen Hirnregion erkennbar.
(Max-Planck-Institut für neurologische Forschung, Köln)

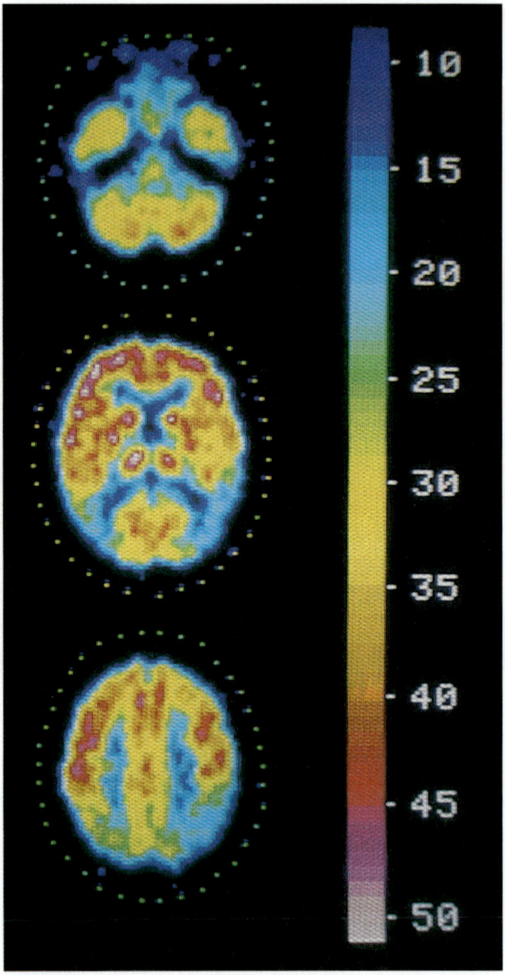

Abbildung 10: Das Gehirn einer Patientin mit Morbus Alzheimer. Sehr beständig lassen sich bei diesem Krankheitsbild Stoffwechselminderungen am temporo-occipitalen Übergang nachweisen.
(Max-Planck-Institut für neurologische Forschung, Köln)

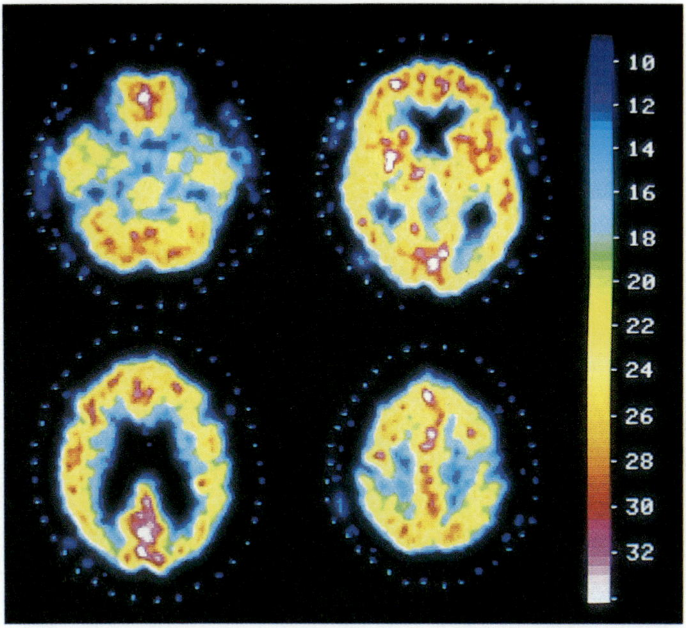

Abbildung 11: Das Gehirn einer Patientin mit vaskulärer Demenz. Die punktuellen hypometabolen Gebiete weisen auf wiederholte kleine Infarkte hin und stellen wichtige differentialdiagnostische Hinweise zur Abgrenzung gegenüber neurodegenerativen Prozessen dar.
(Max-Planck-Institut für neurologische Forschung, Köln)

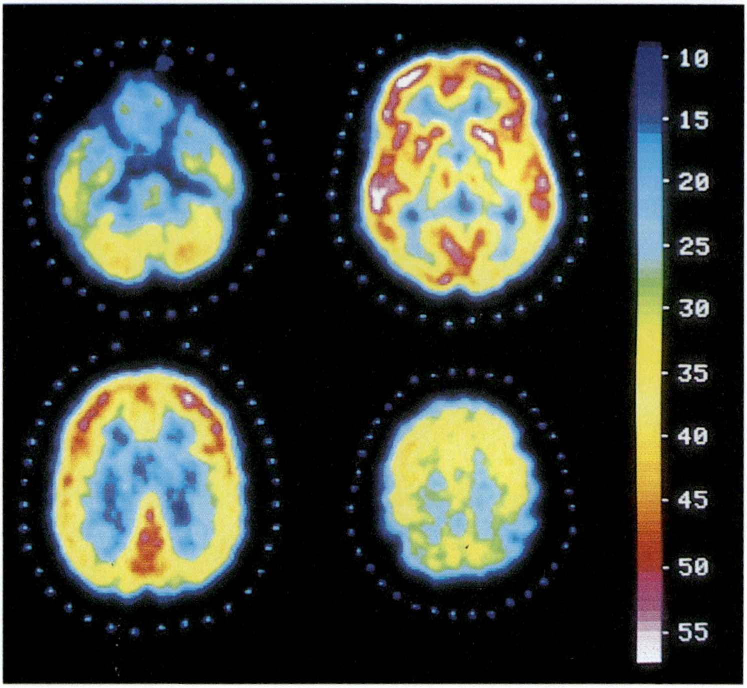

Abbildung 12: Eine Glucose-Stoffwechseldarstellung des gesunden Hirns eines alten Menschen.
(Max-Planck-Institut für neurologische Forschung, Köln)

9. Therapie der Demenz

9.1. Pharmakotherapie

Eine Pharmakotherapie der Demenz hat die biologischen Besonderheiten des Alters, die geänderte Pharmakokinetik und die Multimorbidität des alten Menschen zu berücksichtigen. Eine kausale Therapie der meisten Demenzformen ist beim momentanen Kenntnisstand nicht möglich, sie wird auf absehbare Zeit symptomorientierte Therapie bleiben, eine Therapie jedoch, die die verschiedenen Subtypen der Demenz ebenso zu berücksichtigen hat wie deren Chronizität.

Es lassen sich mehrere pharmakologische Strategien und deren Kombinationen nennen, die auf unterschiedliche Art und Weise die Symptomatik der Demenz zu lindern versuchen. Eine dieser Strategien versucht das cholinerge System im Gehirn des alten Menschen durch hohe Gaben von Cholin oder Lecithin zu aktivieren , eine zweite intendiert das acetylcholinabbauende Enzym Acetylcholinesterase (AchE) mit Hilfe von Physostigmin oder Tetrahydroaminoacridin (THA) zu hemmen, um somit auf die Verweildauer von Azetylcholin im synaptischen Spalt Einfluß zu nehmen. Die dritte Variante cholinerger Beeinflussung bewirkt eine Stimulierung postsynaptischer Muskarinrezeptoren mit Substanzen wie Arecholin, RS 68 oder Pilocarpin.

Die Effizienz dieser pharmakologischen Interventionen läßt sich nicht schlüssig beantworten, dem ursprünglichen Optimismus mußte jedoch eine eher zurückhaltende Einstellung weichen.Neben einer geringeren Verfügbarkeit von Azetylcholin liessen sich im Gehirn von Alzheimerpatienten Änderungen bei einer Vielzahl weiterer Transmitter oder Neuromodulatoren belegen, die evtl. ebenso Grundlage pharmakotherapeutischer Einwirkungen werden könnten (vgl. Kapitel 6).

Eine andere Therapierichtung, der ursprünglich das Konzept der zerebralen Arteriosklerose zugrundelag, versucht Abbauprozesse über eine Sauerstofferhöhung im Zentralnervensystem zu kompensieren. In diesem Zusammenhang wären Substanzen wie Papaverin, Cyclandelat und Nafronyl zu nennen, die jedoch oft schon bei niederer Dosierung Nebenwirkungen zeigen und insgesamt eine vernachlässigbar geringe Wirkung auf kognitive Funktionen wie Lernen und Gedächtnis mit sich bringen.

Die pathologisch erniedrigte Hirnstoffwechselrate Dementer ist das Angriffsgebiet von Substanzklassen, die als stoffwechselsteigernd („metabolic enhancers“) bezeichnet werden und eine erhöhte

Aktivierung des Zentralnervensystems bewirken sollen. Diese Substanzen – die sogenannten Nootropika –, deren Hauptvertreter „Piracetam“ und „Dihydroergotoxin“ sind, bewirken bislang allerdings nur mäßig positive und höchstens mittelfristig meßbare Verbesserungen. Verschiedenen Substanzklassen lassen sich kombiniert applizieren (Piracetam, Lecithin und THA), aber auch hier fehlen weitgehend Nachweise gelungener Funktionsrestituierung. Auf die Verabreichung trizyklischer Antidepressiva sollte wegen ihrer anticholinergen Eigenschaften, die zur Verstärkung der Demenzsymptomatik führen können, verzichtet werden.

Dieser beschriebene experimentelle Status quo, die altersspezifische Verteilung der „Responders“ und „Nonresponders“ (Patienten, die auf ein Pharmakon ansprechen bzw. solche, die es nicht oder nur unzureichend tun) sowie die schwierig zu erstellende Differentialdiagnose der Demenz mit ihren häufigen sekundären psychiatrischen Symptomen erschweren die geeignete Wahl der Medikamente, zumal es an validen Meßinstrumenten mangelt, die auch subtile Verhaltensänderungen zu quantifizieren vermögen. Herrmann und Kern (1987) in ihrer Untersuchung zur Wirksamkeit von Nootropika am Beispiel von Piracetam nennen folgende Bedingungen, die erfüllt sein müssen, um den therapeutischen Nutzen eines Präparates zu belegen:

a) Die Wirkungen sollen in verschiedenen Messebenen aufzeigbar und gleichgerichtet sein. Dies gilt als notwendige aber noch nicht hinreichende Bedingung für den Wirksamkeitsnachweis.
b) Wirkungen müssen sich in für den Patienten wichtigen Messgrößen und in einem Ausmaß zeigen, daß sich hieraus eine praktische Bedeutung für den Patienten ableiten läßt.

9.2. Psychologische Interventionen

Wenn von psychotherapeutischem Einwirken im Zusammenhang mit dementiellen Krankheitsverläufen die Rede ist, so wird damit nicht die Absicht zur *Heilung* zum Ausdruck gebracht, sondern der Versuch unternommen, dem Patienten eine *Behandlung* angedeihen zu lassen, die eine übersteigerte Krankheitsausprägung verhindern hilft.

Eine Behandlung in diesem Sinne sollte folgende Bereiche umfassen:

(1) *Therapie* demenzbegleitender, *sekundärer Symptome* körperlicher und psychischer Natur: Durchblutungs-/Stoffwechselstörungen des Gehirns, körperliche Krankheiten, Depression, Vigilanzstörungen, Inaktivität, sensorische/soziale Deprivation, intrapsychische sowie zwischenmenschliche und soziale Faktoren;

(2) *Milieutherapie:* Beeinflussung von Stressoren der Umwelt;

(3) *Angehörigenberatung/-betreuung:* Unterstützung der Familie des Patienten;

(4) *Verhaltenstherapie:* Bearbeiten isolierter Problembereiche im Verhalten des Patienten.

Abgesehen von diesen Behandlungsmaßnahmen gibt es auch eine Reihe von Interventionsstrategien, mit deren Hilfe die Primärsymptomatik angegangen werden soll. Zu nennen sind in erster Linie gedächtnistrainierende Verfahren sowie sogenannte Realitätsorientierungsprogramme (RO). Erstere haben im Rahmen rehabilitativer Massnahmen eine lange Tradition und könnten im Prinzip für den geriatrischen Bereich adaptiert werden.

Das RO-Training bedient sich grundsätzlich ähnlicher Strategien wie die gedächtnisstützenden Verfahren; es wird eine Vielzahl von Hilfsmitteln eingesetzt (Anzeigetafeln, Uhren, Kalender, Zeitpläne), das Prinzip des dauernden Wiederholens kommt zur Anwendung genauso wie der Einsatz von sinnvollem, alltagsrelevantem Material zwecks Motivationssteigerung. Dieses Verfahren wurde bereits 1958 von einem Psychiater namens Folsom in Form einer Pilotstudie im Veterans Administration Hospital (Topeka, USA) eingeführt, um einem Abbau mentaler Funktionen bei den Patienten entgegenzuwirken.

Schon bei diesen ersten Versuchen beschränkten

sich die Erfolge nicht auf den Bereich der Orientierungsleistungen, sondern ließen sich auch auf anderen Gebieten nachweisen.

Der Begriff RO meint einerseits den Versuch, einen Realitätsbezug beim Patienten nicht verlorengehen zu lassen, d. h. ihn von sozialem Rückzug fernzuhalten, andererseits, verlorengegangene Funktionen neu zu erlernen und ständig zu üben. Dies kann schulmäßig („classroom-RO") unter Zuhilfenahme von audiovisuellen Hilfsmitteln in Angriff genommen werden. Dabei wird in kleinen Gruppen von circa sechs Patienten zunächst Person, Zeit und Ort betreffende Information eingeübt, schwierigere Trainingsschritte beinhalten Lesen, Schreiben, Puzzles und Diskussionen (vgl. Abb. 13).

Das sogenannte 24-Stunden-RO („full-RO") verlangt von jedem, der in Kontakt mit der dementen Person tritt, diese konsistent an Realitäts-Informationen zu erinnern.

Indiziert ist dieses Vorgehen sowohl für Personen, bei denen in naher Zukunft Verwirrtheitszustände aufzutreten drohen (präventiv), bei leicht Verwirrten als auch bei bereits mehrere Monate/Jahre desorientierten Dementen. Eine Kontraindikation liegt nur bei Fällen von starker Realitätsverleugnung vor, wie sie insbesondere für Demenz-Frühstadien typisch ist.

Die Effektivität von RO-Programmen wurde häufig nachgewiesen, aber auch des öfteren dementiert. Grundsätzlich fehlt es bislang noch an kon-

Abbildung 13: Beispiel für Realitäts-Orientierung in einem Pflegeheim. (GEO, Heft Nr. 1: 1987)

trollierten Studien ohne allzu gravierende methodische Schwächen. Dennoch sind die in der Literatur beschriebenen Erfolge (auch bezüglich der positiven Effekte auf die Umgebung des Patienten) eindrucksvoll und geben Anlaß dazu, diese Methode weiter zu verfolgen. Das Hauptverdienst der RO ist in der Tatsache zu sehen, daß es die verfrühte, den Krankheitsverlauf negativ beeinflussende Institutionalisierung des Betroffenen verhindern hilft. Auch der Umstand, daß circa 75% der dementiell Erkrankten in ihrer häuslichen Umgebung versorgt werden, verleiht einer auch für die Angehörigen praktikablen Methode wie dem RO seine angemessene Bedeutung.

In diesem Zusammenhang soll nochmals auf die Wichtigkeit einer Angehörigenberatung/-betreuung hingewiesen werden. Die folgenden Richtlinien (Tab. 9; nach Dorothy R. Scarbrough, Veterans Administration Hospital, Tuscaloora, Alabama, USA) sind als Verhaltensanweisungen zu verstehen, die die Voraussetzung jeden weiteren therapeutischen Vorgehens bilden:

Tabelle 9: Verhaltensanweisungen zum therapeutischen Vorgehen

1. Geben Sie prägnante Anweisungen in einfachen, kurzen Sätzen.
2. Sprechen Sie in klarem, bestimmtem Ton auf der Erwachsenen-Ebene.
3. Präferieren Sie insgesamt einen fürsorglich-autoritären Stil im Umgang mit dem Patienten.
4. Wiederholen Sie Informationen nach Bedarf.
5. Seien Sie geduldig und geben Sie dem Patienten Zeit für eine Reaktion oder Entgegnung.
6. Beziehen Sie sich auf Uhren und andere Requisiten zur Realitätsorientierung.
7. Geben Sie Realitätsinformationen wie Zeit, Datum, Ort und Namen bei allen Konversationskontakten, und bieten Sie möglichst viele Erinnerungshilfen an.
8. Halten Sie eine verständnisvolle Haltung aufrecht.
9. Sorgen Sie für Beständigkeit und Routine im Tagesablauf des Patienten.
10. Achten Sie auf kleine Veränderungen im Verhalten, die einen Fortschritt andeuten.
11. Beachten Sie krankheitsverschleiernde Kompensationsstrategien.
12. Belohnen Sie richtiges Reagieren mit Worten, Berührung, Lächeln usw.
13. Vermeiden Sie jegliches Überfordern, um die Gefahr der Dekompensation abzuwenden.

10. Literatur

Allgemein

Häfner, H. (1985). Sind psychische Krankheiten häufiger geworden? Nervenarzt, 56, 120-133.

Häfner, H. (1986). Psychische Gesundheit im Alter. Stuttgart: G. Fischer.

Lauter, H. (1980). Demenzen. In: U.H. Peters (Hrsg.). Die Psychologie des 20. Jahrhunderts, Bd. X: Ergebnisse für die Medizin (pp. 637-663). Zürich: Kindler.

Linke, W., Höhn, C. (1975). Voraussichtliche Bevölkerungsentwicklung bis 1990. Wirtschaft und Statistik, 12, 793-798.

Markowitsch, H.J. (1987). Demenz im Alter. Psychologische Rundschau, 38, 145-154.

Österreich, K. (1983). Kriterien des normalen und pathologischen Alterns. Therapiewoche, 33, 1333-1342.

Peiffer, J. (1981). Brain aging: Human destiny – human disease. Basel: Ciba-Geigy Ltd.

Reisberg, B. (Hrsg.) (1983). Alzheimer's disease. The standard reference. New York: The Free Press.

Reisberg, B. (1986). Hirnleistungsstörungen: Alzheimersche Krankheit und Demenz. München und Weinheim: Psychologie Verlags Union.

Zu 2.: Die Zunahme von Alterskrankheiten

Bundesrat (1984). Bericht über die Bevölkerungsentwicklung in der Bundesrepublik Deutschland. Unterrichtung durch die Bundesregierung. Drucksache 3.

Häfner, H. (1986). Mental health in the elderly. Interdisciplinary Science Reviews, 11, 202-210.

Hauser, P. M. (1986). Aging and increasing longevity of world population. In: Häfner, H., Moschel, G., Sartorius, N. (Hrsg.). Mental health in the elderly (pp. 9-14). Berlin: Springer.

Lohmann, S. (1984). Altenhilfe. In Oswald, W. D., Herrmann, W. M., Kanowski, S., Lehr, U. M., Thomae, H. (Hrsg.). Gerontologie (pp. 11-18). Stuttgart: W. Kohlhammer.

Zu 3.: Epidemiologie der Demenzen

Adelstein, A. M., Downham, D. Y., Stein, Z., Susser, M. (1968). The epidemiology of mental illness in an English city. Soc. Psychiat., 3, 47-59.

Bergmann, K., Kay, D. W. K., McKechnie, A. A.,

Forster, E., Roth, M. (1971). A follow-up study of randomly selected community residents to assess the effects of chronic brain syndrome. Psychiatry, Part II, Excerpta Medica International Congress (Series No. 274). Amsterdam: Excerpta Medica.

Bickel, H., Schreiter, U. (1987). Häufigkeit von Demenzen: epidemiologische Daten. Münch. med. Wschr., 129, 741-745.

Bundesrat (1984). Bericht über die Bevölkerungsentwicklung in der Bundesrepublik Deutschland. Unterrichtung durch die Bundesregierung. Drucksache 3.

Cooper, B., Sosna, U. (1983). Psychische Erkrankung in der Altenbevölkerung. Eine epidemiologische Feldstudie in Mannheim. Nervenarzt, 54, 239-249.

Grundy, E. (1983). Demography and old age. J. Am. Geriat. Soc., 31, 325.

Hagnell, O., Lanke, J., Rorsman, B. (1982). Increasing prevalence and decreasing incidence of age psychoses. A longitudinal epidemiological investigation of a Swedish population. The Lundby study. In: Magnussen, G., Nielsen, J., Buch, J. (Eds.). Epidemiology and prevention of mental illness in old age. Hellerup, Denmark: EGV.

Häfner, H., Weyerer, S. (1986). Psychische Gesundheit im Alter. Wiener klinische Wochenschrift, 98, 635-642.

Heckler, M.M. (1985). The fight against Alzhei-

mer's disease. American Psychologist, 40, 1240-1244.
Helgason, L. (1977). Psychiatric services and mental illness in Iceland. Acta Psychiat. Sc., Suppl., 268.
Kaneko, Z. (1975). Care in Japan. In: Howells, J.G. (Ed.). Modern perspectives in the psychiatry of old age (pp 519-539). New York: Brunner Mazell.
Katzman, R. (1976). The prevalence and malignancy of Alzheimer' disease. Arch. Neurol., 33, 217-218.
Katzman, R. (1986). Alzheimer's disease. New England Journal of Medicine., 314, 964-973.
Kay, D.W.K., Bergmann, K., Foster, E.M., McKechnie, A.G., Roth, M. (1970). Mental illness and hospital usage in the elderly: A random sample followed-up. Comprehensive Psychiatry, II, 26-35.
Mortimer, J.A., Hutton, J.T. (1985). Epidemiology and etiology of Alzheimer's disease. In: Hutton, I., Thomas, J., Kenny, A.D. (Eds.). Senile dementia of the Alzheimer type (Neurology and Neurobiology, Vol. 18, pp. 177-196). New York: Academic Press.
New York State Department of Mental Hygiene (1961). A mental health survey of older people. Utica, NY: State Hospital Press.
Nielsen, J. (1962). Gerontopsychiatric period-prevalence investigation in a geographically delimited population. Acta Psychiat. Sc., 38, 307-330.

Nielsen, J.A., Bjorn-Henriksen, Bork, B.R. (1982). Incidence and disease expectancy for senile and arteriosclerotic dementia in a geographically limited Danish rural population. In: Magnussen, G., Nielsen, J., Buch, J. (Eds.). Epidemiology and prevention of mental illness in old age. Hellerup, Denmark: EGV.

Zu 4.: Formen von Demenz

Alzheimer, A. (1906). Über einen eigenartigen schweren Krankheitsprozeß der Hirnrinde. Neurologisches Zentralblatt, 250, 1134.

Alzheimer, A. (1907). Über eine eigenartige Erkrankung der Hirnrinde. Allgemeine Zeitschrift für Psychiatrie, 64, 146-148.

Alzheimer, A. (1911). Über eigenartige Krankheiten des späteren Alters. Zeitschrift für die gesamte Neurologie und Psychiatrie, 4, 356-385.

Baltes, P.B. (1984). Intelligenz im Alter. Spektrum der Wissenschaft, 46-60.

Lauter, H. (1985). What do we know about Alzheimer's disease today? Danish Medical Bulletin, 32 (Suppl. 1), 1-21.

Lauter, H., Zimmer, R. (1984). Erkennung endogener Depressionen im Alter. Münchener medizinische Wochenschrift, 126, 73-75.

Österreich, K. (1983). Kriterien des normalen und

psychopathologischen Alterns. Therapiewoche, 33, 1333-1342.
Österreich, K., Hoyer, S., Wagner, O. (1983). Zerebrales Altern und Demenz. Medizinische Welt, 34, 225-228.
Terry, R. D., Katzman, R. C. (1983). Senile dementia of the Alzheimer type. Annals of Neurology, 14, 497-506.
Ulrich, J., Probst, A., Wüest, M. (1986). The brain diseases causing senile dementia. Journal of Neurology, 233, 118-122.
Wurtman, R. J. (1985). Die Alzheimersche Krankheit. Spektrum der Wissenschaft, 84-93.

Zu 6.: Biologische Grundlagen der Demenz

Neurochemie

Arai, H., Lust W. D., Passonneau, J. V. (1982). Delayed metabolic changes induced by 5 min of ischemia in gerbil brain. Trans. Am. Soc. Neurochem. Abst., 199, 177.
Bartus, R. T. (1986). Controversial Topics on Alzheimer's Disease: Intersecting Crossroads. Neurobiology of Aging, 7, 421-571.
Bowen, D. M., White, P., Spillane, J. A., Goodhardt, M. J., Curzon, G., Iwangoff, P., Meier-Ruge, W., Davison, A. N. (1979). Accelerated aging or selective neuronal loss as an important cause of dementia? Lancet, 1, 11-14.
Cross, A. J., Crow ,T. J., Johnson, J. A., Perry,

E. G., Perry, R. H., Blessed, G., Tomlinson, B. (1983). Monoamine metabolism in senile dementia of Alzheimer type. J. Neurol. Sci., 60, 383-392.

Cross, A. J., Crow, T. J., Perry, E. K., Perry, R. H., Blessed, G., Tomlinson, B. (1981). Reduced dopamin-beta-hydroxylase activity in Alzheimer's disease. Br. Med. J., 282, 93-94.

Cutler, N. R. (1988). Utility of biologic markers in the evaluation and diagnosis of Alzheimer disease. Brain Dysfunction, 1, 12-31.

Davies, P. (1979). Neurotransmitter related enzymes in senile dementia of the Alzheimer type. Brain Res., 171, 319-327.

Davies, P., Terry, R. D. (1981). Cortical somatostatin-like immunoreactivity in cases of Alzheimer's disease and senile dementia of the Alzheimer type. Neurobiol. Aging, 2, 9-14.

Ferrier, I. N., Cross, A. J., Johnson, J. A. (1983). Neuropeptides in Alzheimer Type Dementia. J. Neurol. Sci., 62, 159-170.

Frölich, L., Hoyer, S., Leventer, S. M. (1986). Animal models of dementia – similar effects of icv-injections of bromopymrate, a PDHc inhibitor, or AF64A, a cholinotoxin, on learning and memory and brain oxidative metabolism in rats. In: Vezzadini, P., Facchini, A., Labo, G. (Eds.). Neuroendocrine system and aging. EURAGE, 245-251.

Gibson, G. E., Jope, R., Blass, J. P. (1975). Decreased synthesis of acetycholine accompanying

impaired oxidation of pyruvic in rat brain minces. Biochem. J., 184, 17-23.
Gottfries, C.G. (1985). Alzheimer's disease and senile dementia: Biochemical characteristics and aspects of treatment. Psychopharmacol., 245-252.
Handerson, A.S., Henderson, J.H. (eds.) (1988). Etiology of dementia of Alzheimer's type. Dahlem Konferenzen. Chichester: John Wiley & Sons Limited, in press.
Hardy, J., Adolfsson, R., Alafuzoff, I., Bucht, G., Marcusson, J., Nyberg, P., Perdahl, E., Wester, P., Winblad, B. (1985). Transmitter deficits in Alzheimer's disease. Neuroch. Int., 7, 545-563.
Hollander, E., Mohs, R.C., Davis, K.L. (1986). Antemortem markers of Alzheimer's disease. Neurobiology of Aging, 7, 367-387.
Hoyer, S., Krier, C. (1986). Ischemia and the aging brain. Studies on glucose and energy metabolism in rat cerebral cortex. Neurobiology of Aging, 7, 23-29.
Iwangoff, P., Armbruster, R., Enz, A., Meyer-Ruge, W., Sandoz, P. (1980). Glycolytic enzymes from human autopsic brain cortex: normally aged and demented cases. In: Roberts, P.J. (Ed.). Biochemistry of dementia. Wiley: Chichester, New York, Brisbane, Toronto, 258-262.
Jellinger, K. (1976). Neuropathological aspects of dementia resulting from abnormal blood cerebrospinal fluid dynamics. Acta Neurol. Belg., 76, 83-103.

Ljunggren, B., Ratchson, R.A., Siesjö, B.K. (1974). Cerebral metabolic state following complete compression ischemia. Brain Res., 73, 291-307.

Mann, D.M.A., Yates, P.O. (1986). Neurotransmitter deficits in Alzheimer's disease and in other dementing disorders. Human Neurobiol., 5, 147-158.

Morgan, D.G., Routtenberg, A. (1982). Brain pyruvate dehydrogenase phosphorylation and enzyme activity altered by a training experience. Science, 214, 470-471.

Perry, E.G., Perry, R.H., Tomlinson, B.E., Blessed, G., Gibson, P. (1980). Coenzym A acetylating enzymes in Alzheimer's diseases. Possible cholinergic ‚compartment' of pyruvate dehydrogenase. Neurosci. Lett., 18, 105-110.

Pulsinelli, W.A. (1985). Selective neuronal vulnerability: morphological and molecular characteristics. In: Kogure, F.A., Hossmann, K., Siesjö, K.A., Welsh, B.K. (Eds.). Progr. Brain Res., Amsterdam, New York, Oxford: Elsevier, 63, 29-37.

Pulsinelli, W.A., Duffy, T.E. (1983). Regional energy balance in rat brain after transient forebrain ischemia. J. Neurochem., 40, 1500-1503.

Quirion, R., Martel, J.C., Robitaille, Y., Etienne, P., Wood, P., Nair, N.P.V., Gauthier, S. (1986). Neurotransmitter and receptor deficits in senile dementia of the Alzheimer type. Can. J. Neurol. Sci., 13, 503-510.

Radouco-Thomas, C., Gottfries, C. G., Amaducci, L., Reisberg, B., Garcin, F., Coyle, J. T., Chawla, S. S. (1986). Alzheimer's disease and senile dementia. Prog. Neuro-Psychopharmacol. Biol. Psychiat., 10, 247-676.

Rogers, J., Styren, S. D. (1987). Neuroanatomy and dementia. Rev. Biol. Res. Aging, 3, 223-253.

Rylett, R. T., Ball, M. J., Colhoun, E. H. (1983). Evidence for high affinity choline transport in synaptosomes prepared from hippocampus and neocortex of patients with Alzheimer's disease. Brain Res., 289, 169-175.

Schreiter, U., Biedert, S. T. (1988). Die Alzheimersche Krankheit: Befunde und Hypothesen. Nervenarzt, 59, 73-84.

Siesjö, B. K., Wieloch, T. (1985). Cerebral metabolism in ischemia: Neurochemical basis for therapy. Br. J. Anaesth., 57, 47-62.

Sims, N. R., Blass, J. P., Murphy, C., Bowen, D. M., Neary, D. (1987). Phosphofructokinase activity in the brain in Alzheimer's disease. Ann. Neurol., 21, 509-510.

Sorbi, S., Bird, E. D., Blass, J. P. (1983). Decreased pyruvate dehydrogenase complex activity in Huntington and Alzheimer brain. Ann. Neurol., 13, 72-78.

Alzheimer, A. (1906). Über einen eigenartigen schweren Krankheitsprozeß der Hirnrinde. Neurol. Zentralb., 250, 1134.

Alzheimer, A. (1907). Über eine eigenartige Erkrankung der Hirnrinde. Zentralbl. Neurol. Psychiat., 18, 177-179.

Alzheimer, A. (1911). Über eigenartige Krankheiten des späteren Alters. Z. f. d. ges. Neurol. u. Psychiatr., 4, 356-385.

Anderton, B.H., Breinburg, D., Downes, M.J., Green, P.H.J., Tomlinson, B.E., Ulrich, J., Wood, J.N., Kahn, J. (1982). Monoclonal antibodies show that neurofibrillary tangles share antigenic determinants. Nature, 298, 84-86.

Arendt, T., Bigl, V., Arendt, A., Tennstedt, A. (1983). Loss of neurons in the nucleus basalis of Meynert in Alzheimer's disease, paralysis agitans and Korsakoff's disease. Acta Neuropath., 61, 101-108.

Ball, M.J. (1978). Topographic distribution of neurofibrillary tangles and granulovacuolar degeneration in hippocampal cortex of aging and demented patients. A quantitative study. Acta Neuropathol., 42, 73-80.

Ball, M.J., Hachinski, V., Fox, A., Kisshen, A.J., Fisman, M., Blume, W., Kral, V.A., Fox, H., Merskey, H. (1985). A new definition of Alzheimer's disease: a hippocampal dementia. Lancet, I, 14-16.

Blessed, G., Tomlinson, B.E., Roth, M. (1968). The association between quantitative measures of dementia and of senile changes in the cerebral grey matter of elderly subjects. Br. J. Psychiatry, 144, 797-811.

Bondareff, W., Mountjoy, C.Q. (1986). Number of neurons in nucleus locus ceruleus in demented and non-demented patients: Rapid estimation and correlated parameters. Neurobiology of Aging, 7, 297-300.

Bondareff, W., Mountjoy, C.Q., Roth, M. (1982). Loss of neurons of origin of the adrenergic projection to the cerebral cortex (nucleus locus coeruleus) in senile dementia. Neurology, 32, 164-168.

Braak, H., Braak, E., Grundke-Iqbal, I., Iqbal, K.H. (1986). Occurrence of neuropil threads in the senile human brain and in Alzheimer's disease: A third location of paired helical filaments outside of neurofibrillary tangles and neuritic plaques. Neuroscience Lett., 65, 351-355.

Candy, J.M., Klinowski, J., Perry, R.H., Perry, E.K., Fairbairn, A., Oakley, A.E., Carpenter, T.A., Atack, J.R., Blessed, G., Edwardson, J.A. (1986). Aluminosilicates and senile plaque formation in Alzheimer's disease. Lancet, I, 354-356.

Chan-Palay, V. (1987). Somatostatin immunoreactive neurons in the human hippocampus and cortex shown by immunogold/silver intensifica-

tion on vibratome sections: Coexistence with neuropeptide Y neurons, and effects in Alzheimer type dementia. J. Comp. Neurol., 260, 201-223.
Chan-Palay, V., Lanag, W., Haesler, U., Köhler, C., Yasargil, G. (1986). Distribution of altered hippocampal neurons and axons immunoreactive with antisera against neuropeptide Y in Alzheimer's-type dementia. J. Comp. Neurol., 248, 376-394.
Corsellis, J. A. N. (1969). The pathology of dementia. Br. J. Hosp. Med., 3, 695-703.
Curcio, C., Kemper, T. H. (1984). Nucleus raphe dorsalis in dementia of the Alzheimer type: Neurofibrillary changes and neuronal packing density. J. Neuropathol. Exp. Neurol., 43, 359-368.
Dahl, D., Selkoe, D. J., Pero, R. T., Bignami, A. (1982). Immunostaining of neurofibrillary tangles in Alzheimer's senile dementia with a neurofilament antiserum. J. Neurosci., 2, 113-119.
Dickson, D. W., Yen, S.-H., Davies, P., Garcia, J. H., Hirano, A. (1986). Ballooned neurons in selected neurodegenerative diseases contain phosphorylated neurofilament epitopes. Acta Neuropathol., 71, 216-223.
Divry, P. (1972). Etude histochimiques des plaques séniles. J. Belge Neurol., 27, 643-657.
Esiri, M. M., Wilcock, G. K. (1984). The olfactory bulbs in Alzheimer's disease. J. Neurol. Neurosurg. Psychiatry, 47, 56-60.

Gibson, P. H. (1987). Ultrastructural abnormalities in the cerebral neocortex and hippocampus associated with Alzheimer's disease. Acta Neuropathol., 73, 86-91.

Gibson, P. H., Stones, M., Tomlinson, B. E. (1976). Senile changes in the human neocortex and hippocampus compared by the use of the electron and light microscopes. J. Neurol. Sci., 27, 389-405.

Gibson, P. H., Tomlinson, B. E. (1977). Numbers of Hirano bodies in the hippocampus of normal and demented people with Alzheimer's disease. J. Neurol. Sci., 33, 199-206.

Glenner, G. G., Wong, C. W. (1984). Alzheimer's disease and Down's syndrome: Sharing a unique cerebrovascular amyloid fibril protein. Biochem. Biophys. Res. Comm., 122, 1131-1135.

Gottfries, C. G., Adolfsson, R., Aquilonius, S. M., Carlsson, A., Eckernäs, S. A., Nordberg, A., Oreland, L., Svennerholm, L., Wiberg, A., Winblad, B. (1983). Biochemical changes in dementia disorders of Alzheimer type (AD/SDAT). Neurobiol. Aging, 4, 261-271.

Grundke-Iqbal, I., Iqbal, K., Quinlan, M., Tung, Y. H., Zaidi, M. S., Wisniewski, H. M. (1986). Microtubule-associated Protein Tau. A component of Alzheimer paired helical filaments. J. Biol. Chem., 261, 6084-6089.

Hirano, A. (1966). Neuropathology of amyotrophic lateral sclerosis and Parkinson dementia complex on Guam. Proceedings of the 5th International Congress of Neuropathology, Zürich 1965. Excerpta Medica, Amsterdam, 190-194 (International Congress Series).

Hirano, A., Dembitzer, H.M., Kurland, L.T., Zimmermann, H.M. (1968). The fine structure of some intraganglionic alterations. J. Neuropathol. Exp. Neurol., 27, 167-182.

Hirano, A., Zimmermann, HM. (1962). Alzheimer neurofibrillary changes. A topographic stusy. Arch. Neurol., 7, 227-242.

Hooper, M.W., Vogel, F.S. (1976). The limbic system in Alzheimer's disease. Am. J. Pathol., 85, 1-13.

Hyman, B.T., Hoesen, van G.W., Damasio, A.R., Barnes, C.L. (1984). Alzheimer's Disease: Cell-specific pathology isolates the hippocampal formation. Science, 225, 1168-1170.

Ihara, Y., Abraham, C., Selkoe, D.J. (1983). Antibodies to paired helical filaments in Alzheimer's disease do not recognize normal brain proteins. Nature, 304, 727-730.

Iqbal, K., Zaidi, T., Thompson, C.H., Merz, P.A., Wisniewski, H.M. (1984). Alzheimer paired helical filaments, bulk isolation, solubility and protein compositon. Acta Neuropathol., 62, 167-177.

Ishii, T. (1966). Distribution of Alzheimer's neurofibrillary changes in the brain stem and hypothalamus of senile dementia. Acta Neuropathol., 6, 181-187.

Joachim, C. L., Morris, J. H., Selkoe, D. J., Kosik, K. S. (1987). Tau epitopes are incorporated into a range of lesions in Alzheimer's disease. J. Neuropath. Exp. Neurol., 46, 611-622

Kahn, J., Anderton, B. H., Probst, A., Ulrich, J., Esiri, M. M. (1985). Immunohistological study of granulovacuolar degeneration using monoclonal antibodies to neurofilaments. J. Neurol. Neurosurg. Psychiatry, 48, 924-926.

Kemper, T. (1984). Neuroanatomical and neuropathological changes in normal aging and in dementia. In: M. L. Albert, (Ed.) Clinical neurology of aging, Oxford University Press, New York, 9-52.

Kidd, M. (1963). Paired helical filaments in electron microscopy of Alzheimer's disease. Nature, 197, 192-193.

Kidd, M. (1964). Alzheimer's disease – an electron microscopic study. Brain, 87, 307-321.

Kitt, C. A., Price, D. L., Struble, R. G., Cork, L. C., Wainer, B. H., Becher, M. W., Mobley, W. C. (1984). Evidence for cholinergic neurites in senile plaques. Science, 226, 1443-1444.

Kosik, K. S., Duffy, L. K., Dowling, M. M., Abraham, C., McCuskey, A., Selkoe, D. (1984). Microtubule-associated protein 2, monoclonal antibodies demonstrate the selective incorporation of certain epitopes into Alzheimer neurofibrillary tangles. Proc. Natl. Acad. Sci. (USA), 1, 7941-7945.

Kosik, K. S., Joachim, C. L., Selkoe, D. (1986).

Microtubule-associated protein tau is a major antigenic component of paired helical filaments in Alzheimer disease. Proc. Natl. Acad. Sci. (USA), 83, 4044-4048.

Mann, D.M.A., Yates, P.O., Marcyniuk, B. (1984). Alzheimer's presenile dementia, senile dementia of Alzheimer type and Down's syndrome in middle age form and age related continuum of pathological changes. Neuropathol. Appl. Neurobiol., 10, 185-207.

Mann, D.M.A., Yates, P.O., Marcyniuk, B. (1985). Some morphometric observations on the cerebral cortex and hippocampus in Alzheimer's presenile dementia, senile dementia of Alzheimer type and Down's syndrome in middle age. J. Neurol. Sci., 69, 139-159.

Meier-Ruge, W., Ulrich, J., Abdel-Al. (1984). Stereologic findings in normal brain aging and Alzheimer's disease. In: Westheimer, J., Maroiis, M. (Eds). Senile dementia, outlook for the future. New York: Alan R. Liss, 125-135.

Merz, P.A., Wisniewski, H.M., Somerville, R.A., Bobin, S.A., Masters, C.L., Iqbal, K. (1983). Ultrastructural morphology of amyloid fibrils from neuritic and amyloid plaques. Acta Neuropathol., 60, 113-124.

Mori, H., Kondo, J., Ihara, Y. (1987). Ubiquitin is a component of paired helical filaments in Alzheimer's disease. Science, 235, 1641-1644.

Mountjoy, C.Q., Roth, M., Evans, N.J.R., Evans, H.M. (1983). Cortical neuronal counts in normal

elderly controls and demented patients. Neurobiol. Aging, 4, 1-11.
Ohm, T.G., Braak, H. (1987). Olfactory bulb changes in Alzheimer's disease. Acta Neuropathol., 73, 365-369.
Perry, G., Rizutto, N., Autilio-Gambetti, L., Gambetti, P. (1985). Paired helical filaments from Alzheimer's disease patients contain cytoskeletal components. Proc. Natl. Acad. Sci. (USA), 82, 3916-3920.
Probst, A., Basler, V., Bron, B., Ulrich, J. (1983). Neuritic plaques in senile dementia of Alzheimer type, a Golgi analysis in the hippocampal region. Brain Res., 268, 249-254.
Rasool, C.G., Svendsen, C.N., Selkoe, D. (1986). Neurofibrillary degeneration of cholinergic and noncholinergic neurons of the basal forebrain in Alzheimer's disease. Ann. Neurol., 20, 482-488.
Reyes, P.F., Golden, G.T., Fagel, P.L., Fariello, R.G., Katz, L., Carner, E. (1987). The prepiriform cortex in dementia of the Alzheimer type. Arch. Neurol., 44, 644-645.
Roberts, G.W., Crow, T.J., Polak, J.M. (1985). Location of neuronal tangles in somatostatin neurones in Alzheimer's disease. Nature, 314, 92-94.
Rudelli, R.D., Ambler, H.A.W., Wisniewski, H.M. (1984). Morphology and distribution of Alzheimer neuritic (senile) and amyloid plaques in striatum and diencephalon. Acta Neuropathol., 64, 273-281.

Selkoe, D. J., Abraham, C. R., Podlisny, M. B., Duffy, L. K. (1986). Isolation of low-molecular-weight proteins from amyloid plaque fibers in Alzheimer's disease. J. Neurochem., 46, 1820-1834.

Selkoe, D. J., Abraham, C. Y., Anderton, B. H., Haugh, M., Kahn, J. (1984). Alzheimer's disease, immunoreactivity of neurofibrillary tangles with anti-neurofilament and antipaired helical filament antibodies. Brain Res., 310, 249-260.

Selkoe, D. J., Ihara, Y., Salazar, F. J. (1982). Alzheimer's disease, insolubility of partially purified paired helical filaments in sodium dodecyl sulfate and urea. Science, 215, 1243-1245.

Sternberger, N. H., Sternberger, L. A., Ulrich, J. (1985). Aberrant neurofilament phosphorylation in Alzheimer's Disease. Proc. Natl. Acad. Sci. (USA), 82, 4374-4276.

Tagliavini, F., Pilleri, G. (1983). Basal Nucleus of Meynert. A neuropathological study in Alzheimer's disease, simple senile dementia, Pick's disease and Huntington's chorea. J. Neurol. Sci., 62, 243-260.

Terry, R. D., Katzman, R. (1983). Senile dementia of the Alzheimer's type, defining a disease. In: R. Katzman, R. D. Terry (Eds), The neurology of aging. New York: Davis Co., 51-84.

Terry, R. D., Peck, A., De Teresa, R., Schechter, R., Horoupian, D. S. (1981). Some morphometric aspects of the brain in senile dementia of the Alzheimer type. Ann. Neurol., 10, 184-192.

Tomlinson, B.E., Blessed, G., Roth, M. (1970). Observations on the brains of demented old people. J. Neurol. Sci., 11, 205-242.

Tomlinson, B.E., Kitchener, D. (1972). Granulovacuolar degeneration of hippocampal pyramidal cells. J. Pathol., 106, 165-185.

Tomonaga, M. (1974). Ultrastructure of Hirano bodies. Acta Neuropathol., 28, 365-366.

Ulrich, J., Probst, A., Anderton, B.H,. Kahn, J. (1986). Dementia of Alzheimer type (DAT)- A review of its morbid anatomy. Klin. Wochenschr., 64, 103-114.

Whitehouse, P.J., Price, D.L., Struble, R.G., Clark, A.W., Coyle, J.T., Delong, M.R. (1982). Alzheimer's disease and senile dementia, loss of neurons in the basal forebrain. Science, 215, 1237-1239.

Wisniewski, H.M., Merz, P.A., Iqbal, K. (1984). Ultrastructure of paired helical filaments of Alzheimer's neurofibrillary tangle. J. Neuropathol. Exp. Neurol., 43, 643-656.

Wood, J., Mirra, S.S., Pollock, N.J., Binder, L.I. (1986). Neurofibrillary tangles of Alzheimer disease share antigenic determinants with the axonal microtubule-associated protein tau. Proc. Natl. Acad. Sci. (USA), 83, 4040-4043.

Zu 7.: Genetik der Alzheimerschen Krankheit

Epstein, Ch. J. (1986). Trisomy 21 and the nervous system: from cause to cure. In: Epstein, Ch. J. (Ed.). The neurobiology of Down syndrome. New York: Raven Press, 1986, 1-15.

Heston, L. L., Mastri, A. R. (1977). The genetics of Alzheimer disease. Archives of General Psychiatry, 34, 976-981.

Sinet, P. M. (1982). Metabolism of oxygen derivates in Down's syndrome. Annals of the New York Academy of Sciences, 396, 83-94.

Zu 8.1.: Medizinisch orientierte Demenzdiagnostik

Arai, H., Kobayashi, K., Ikeda, K., Nagao, Y., Ogihara, R., Kosaka, K. (1983). A computed tomography study of Alzheimer's disease. Journal of Neurology, 229, 69-77.

Benson, D. F., Kuhl, D. E., Hawkins, R. A., Phelps, M. E., Cummings, J. L., Tsai, S. Y. (1983). The fluorodeoxyglucose 18F scan in Alzheimer's disease and multi-infarct dementia. Archives of Neurology, 40, 711-714.

Besson, J. A. O., Corrigan, F. M., Foreman, E. I., Eastwood, L. M., Smith, F. W., Ashcroft, G. W. (1984). NMR-Imaging in Demenzzuständen. Eine diagnostische und quantitative Studie. Zeitschrift für Gerontologie, 17, 136-140.

Brun, A., Englund, D.E. (1986). A white matter disorder in dementia of the Alzheimer type: A pathoanatomical study. Annals of Neurology, 19, 253-262.

Chase, T.N., Foster, N.L., Fedio, P., Chiro, G., Brooks, R., Patronas, N.J. (1983). Alzheimer's disease: local metabolism studies using the Fluorodessoxyglucose-positron emission tomography technique. In: Samuel, D., Algeri, S., Gershon, S., Grimm, V.E., Toffano, G. (Eds). Aging of the brain. Aging, Vol. 22. New York: Raven Press 143-154.

Cutler, N.R., Haxby, J.V., Duara, R., Grady, C.L., Kay, A.D., Kessler, R.M., Sundaram, M., Rapoport, S.I. (1985). Clinical history, brain metabolism, and neuropsychological function in Alzheimer's disease. Annals of Neurology, 18, 298-309.

De Souza, E.B., Whitehouse, P.J., Kuhar, M.J., Price, D.L., Vale, W.W. (1986). Reciprocal changes in corticotropin-releasing factor (CRF)-like immunoreactivity and CRF receptors in cerebral cortex of Alzheimer's disease. Nature, 319, 593-595.

DeLeon, M.J., Ferris, S.G., George, A.E., Christmann, D.R., Fowler, J.S., Gentes, C., Reisberg, B., Gee, B., Emmerich, M., Yonekura, Y., Brodie, J., Kircheff, I.I., Wolf, A.P. (1983). Positron emission tomographic studies of aging and Alzheimer disease. American Journal of Neuroradiology, 4, 568-571.

Duara, R., Grady, C., Haxby, J., Sundaram, M., Cutler, N. R., Heston, L., Moore, A., Schlageter, N., Larson, S., Rapoport, S. I. (1986). Positron emission tomography in Alzheimer's disease. Archives of Neurology, 36, 879-887.

Foster, N. L., Chase, T. N., Fedio, P., Patronas, N. J., Brooks, R. A., Di Chiro, G. (1983). Alzheimer's disease: Focal cortical changes shown by positron emission tomography. Neurology, 33, 961-965.

Foster, N. L., Chase, T. N., Mansi, L., Brooks, R., Fedio, P., Patronas, N. J., DiChiro, G. (1984). Cortical abnormalities in Alzheimer's disease. Ann. Neurol., 16, 649-654.

Friedland, R. P., Buding, T. E., Ganz, E., Yano, Y., Matthis, C. A., Koss, B., Ober, B. A., Huesman, R. H., Derenzo, S. E. (1983). Regional cerebral metabolic alterations in dementia of Alzheimer type: Positron emission tomographie with (18F)-Fluoro-desoxyglucose. J. Comput. Assist. Tomogr., 590-598.

Hachinski, V. C., Iliff, L. D., Zilkha, E., DuBoulay, G. H., McAllister, V. L., Marshall, J., Ross-Russell, R. W., Symon, L. (1975). Cerebral blood flow in dementia. Arch. Neurol. 32, 632-637.

Harrell, L. E., Callaway, R., Sekar, B. C. (1987). Magnetic resonance imaging and the diagnosis of dementia. Neurology, 37, 540-543.

Haxby, J. V., Grady, C. L., Duara, R., Schlageter, N., Berg, G., Rapoport, S. J. (1986). Neocortical

metabolic abnormalities precede nonmemory-cognitive defects in early Alzheimer type dementia. Arch. Neurol., 43, 882-885.
Hedde, J.P., Reischies, F.M. (1986). Bildgebende Hirndiagnostik in der Psychiatrie. Nervenarzt, 57, 65-79.
Heiss, W.-D. (Hrsg.). (1985). Functional mapping of the brain in vascular disorders. Berlin: Springer.
Heiss, W.-D., Beil, C., Herholz, K., Pawlik, G., Wagner, R., Wienhard, K. (1985). Atlas der Positronen-Emissions-Tomographie des Gehirns. Berlin: Springer.
Hershey, L.A., Modic, M.T., Greenough, P.G., Jaffe, D.F. (1987). Magnetic resonance imaging in vascular dementia. Neurology, 37, 29–36.
Horwitz, B., Grady, C.L., Schlageter, N.L., Duara, R., Rapoport, S.I. (1987). Intercorrelations of regional cerebral gulcose metabolic rates in Alzheimer's diases. Brain Research 407, 294-206.
Hoyer, S. (1978a). Das organische Psychosyndrom: Überlegungen zur Hirndurchblutung, zum Hirnstoffwechsel und zur Therapie. Nervenarzt, 49, 201-207.
Hoyer, S. (1978b). Blood flow and oxidative metabolism of the brain in different phases of dementia. In: Katzman, R., Terry, R.D., Bick, K.L. (Eds.). Alzheimer's disease: Senile dementia and related disorders. Aging Vol. 7, New York: Raven Press, 219-226.

Hoyer, S. (1980). Factors influencing cerebral blood flow, CMR-oxygen and CMR glucose in dementia patients. In: Roberts, P.J. (Ed.). Biochemistry of dementia. Chichester, New York, Brisbane, Toronto: Wiley, 252-257.

Hoyer, S. (1986). Senile dementia and Alzheimer's disease. Brain blood flow and metabolism. Prog. Neuro-Psychopharmacol. Biol. Psychiat., 10, 447-478.

Hoyer, S., Oesterreich, K., Weinhardt, F., Krüger, G. (1975). Veränderungen von Durchblutung und oxidativen Stoffwechsel des Gehirnes bei Patienten mit einer Demenz. J. Neurol., 210, 227-237.

Hyman, B.T., Van Hoesen, G.W., Damasio, A.R., Barnes, C.L. (1984). Alzheimer's disease: Cell-specific pathology isolates the hippocampal formation. Science, 225, 1168-1170.

Ichimiya, Y., Kobayashi, K., Arai, H., Ikeda, K., Kosaka, K. (1986). A computed tomography study of Alzheimer's disease by regional volumetric and parenchymal density measurements. Journal of Neurology, 233, 164-167.

Jagust, W.J., Budinger, T.F., Reed, B.R. (1987). The diagnosis of dementia with single photon emission computed tomography. Archives of Neurology, 44, 258-262.

Jagust, W.J., Friedland, R.P., Budinger, T.F. (1985). Positron emission tomography with [18F] fluorodeoxyglucose differentiates normal pressure hydrocephalus from Alzheimer-type de-

mentia. Journal of Neurology, Neurosurgery and Psychiatry, 48, 1091-1096.
Kamo, H., McGeer, P.L., Harrop, R., McGeer, E.G., Calne, D.B., Martin, W.R.W., Pate, B.D. (1987). Positron emission tomography and histopathology in Pick's disease. Neurology, 37, 439-445.
McGeer, P.L., Kamo, H., Harrop, R., McGeer, E.G., Martin, W.R.W., Pate, B.D., Li, D.K.B. (1986). Comparison of PET, MRI, and CT with pathology in a proven case of Alzheimer's disease. Neurology, 36, 1569-1574.
McKhann, G., Drachman, D., Folstein, M., Katzman, R., Price, D., Stadlan, E.M. (1984). Clinical diagnosis of Alzheimer's disease: Report of the NINCDS-ADRDA workgroup. Neurology, 34, 939-944.
O'Brien, M.D., Mallet, B.L. (1970). Cerebral cortex perfusion rates in dementia. J Neurol. Neurosurg. Psychiat., 33, 497-500.
Obrist, W.D. (1978). Noninvasive studies of cerebral blood flow in aging and dementia. In: Katzmann, R., Terry, R.D., Bick, K.L. (Eds.). Alzheimer's disease: Senile dementia and related disorders. New York: Raven Press, 213-217.
Rogers, R.L., Meyer, J.S., Mortel, K.F., Mahurin, R.K., Judd, B.W. (1986). Decreased cerebral blood flow precedes multi-infarct dementia, but follows senile dementia of Alzheimer type. Neurology, 36, 1-6.

Rogers, R.L., Meyer, J.S., Mortel, K.F., Mahurin, R.K., Judd, B.W. (1986). Decreased cerebral blood flow precedes multi-infarct dementia, but follows senile dementia of Alzheimer's type. Neurology, 36, 1-6.

Soininen, H., Partanen, V.J., Helkala, E.-L., Riekkinen, P.J. (1982). EEG findings in senile dementia and normal aging. Acta Neurologica Scandinavica, 65, 59-70.

Tachibana, H., Meyer, J.S., Kitagawa, Y., Rogers, R.L., Okayasu, H., Mortel, K.F. (1984). Effects of aging on cerebral blood flow in dementia. J. Amer. Geriat. Soc., 32, 114-120.

Zu 8.2.: Neuropsychologisch orientierte Demenzdiagnostik

Breen, A.R., Larson, E.B., Reifler, B.V., Vitaliano, P.P., Lawrence, G.L. (1984). Cognitive performance and functional competence in coexisting dementia and depression. Journal of the American Geriatrics Society, 32, 132-137.

Denzler, P., Kessler, J., Markowitsch, H.J. (1986). Möglichkeiten und Mängel der psychopathometrischen Demenz-Diagnostik. Fortschritte der Neurologie und Psychiatrie, 54, 383-392.

Erzigkeit, H. (1989). Syndrom-Kurz-Test (SKT). Weinheim, Beltz Test GmbH.

Gershon, S., Herman, S.P. (1982). The differential diagnosis of dementia. Journal of the American Geriatrics Society, 30 (Suppl.), 58-66.

Kessler, J., Denzler, P., Markowitsch, H.J. (1988). Demenz-Test. Weinheim: Beltz Test Gesellschaft.

Lauter, H. (1985). What do we know about Alzheimer's disease today? Danish Medical Bulletin, 32 (Suppl. 1), 1-21.

Lauter, H., Zimmer, R. (1984). Erkennung endogener Depressionen im Alter. Psychiatrie der Praxis, 126, 73-75.

Oswald, W.D., Fleischmann, U.M. (1985). Das Nürnberger-Alters-Inventar. Nürnberg.

Österreich, K. (1983). Kriterien des normalen und des psychopathologischen Alterns. Therapiewoche, 33, 1333-1342.

Poeck, K. (1988). Das Problem der Demenz aus der Sicht der Neurologie. Aktuelle Neurologie, 1, 1-6.

Perez, F.I., Rivera, M., Meyer, J.S., Gay, J.R.A., Taylor, R.L., Mathew, N.T. (1975). Analysis of intellectual and cognitive performance in patients with multi-infarct dementia, vertebrobasilar insufficiency with dementia, and Alzheimer's disease. Journal of Neurology, Neurosurgery and Psychiatry, 38, 533-540.

Zimmer, R., Lauter, H. (1984). Zum Problem der depressiven Pseudodemenz. Zeitschrift für Gerontologie, 17, 109-112.

Zu 9.1.: Pharmakotherapie

Corkin, S., Growdon, J.H., Sullivan, E.V., Shedlack, U. (1981). Lecithin and cognitive function in aging and dementia. In: Kidman, A.D., Tomkins, J.K., Westerman, R.A. (Hrsg.). New approaches to nerve and muscle disorders (pp. 229-249). Amsterdam: Elsevier-North-Holland.

Gertz, H.-J., Kanowski, S. (1983). Die Therapie der senilen Demenz vom Alzheimer-Typ und der Multi-Infarkt-Demenz. Nervenarzt, 54, 444-454.

Grass, H. (1976). Nebenwirkungen der Therapie mit Psychopharmaka im Alter. Zeitschrift für präklinische und klinische Geriatrie, 6, 223-228.

Growdon, J.H., Corkin, S. (1980). Neurochemical approaches to the treatment of senile dementia. In:J.O.Cole,J.E.Barrett(Eds.),Psychopathology in the aged (pp. 281-293). New York: Raven.

Herrmann, W.M., Kern, U. (1987). Nootropika: Wirkungen und Wirksamkeit. Nervenarzt, 58, 358-364.

Hollister, L.E. (1984). Drug treatment of memory defects in the elderly. Psychosomatics, 25 (Suppl.), 23-26.

Kurz, A., Rüster, P., Romero, B., Zimmer, R. (1986). Cholinerge Behandlungsstrategien bei der Alzheimerschen Krankheit. Nervenarzt, 57, 558-569.

Pilger, D., Stindl, E., Kühl, K.-P., Kanowski, S. (1980). Medikamentöse Behandlung in der Gerontopsychiatrie. Münchener medizinsche Wochenschrift, 122, 1856-1858.

Zu 9.2.: Psychologische Interventionen

Bruder, J. (1983). Zur Gruppenarbeit mit Angehörigen von dementen und nicht-dementen alten Menschen. In: Radebold, H. (Hrsg.). Gruppenpsychotherapie im Alter. Göttingen: Verlag für medizinische Psychologie.

Fleischmann, U.M. (1982). Gedächtnistraining im höheren Lebensalter – Ansatzpunkte und Möglichkeiten. Zeitschrift für Gerontologie, 15, 53-62.

Fleischmann, U.M. (1984). Kognitive Leistungen im Alter. Möglichkeiten und Grenzen einer Intervention. Zeitschrift für personenzentrierte Psychologie und Psychotherapie, 3, 437-449.

Gertz, H.-J., Kanowski, S. (1983). Die Therapie der senilen Demenz vom Alzheimer-Typ und der Multi-Infarkt-Demenz. Nervenarzt, 54, 444-454.

Gutzmann, H. (1984). Möglichkeiten der Therapie beim dementiell erkrankten älteren Menschen. In: Schmidt, R., Stephan, R. (Hrsg.). Der dementiell erkrankte ältere Mensch – Probleme der praktischen Altenhilfe (pp. 23-33). Berlin: Deutsches Zentrum für Altersfragen e.V.

Holden, U. P., Woods, R. T. (1982). Reality orientation. Edinburgh: Churchill Livingstone.
Wilson, B., Moffat, N. (1984). Clinical management of memory problems. London: Croom Helm.

Anhang

Mini-Mental-State (MMS)

1. Orientierung

		Score
Jeweils 1 Pkt für jede richtige Antwort	1. Jahr	1
	2. Jahreszeit	1
	3. Datum	1
	4. Wochentag	1
	5. Monat	1
	6. Bundesland	1
	7. Region/Kreis	1
	8. Stadt	1
	9. Klinik	1
	10. Station	1
		Σ

2. Merkfähigkeit

VL nennt nebenstehende Begriffe und fordert den Pb anschließend zur Reproduktion auf; es wird 1 Pkt für jede richtige Antwort vergeben.	11. »Auto«	1
	12. »Blume«	1
	13. »Kerze«	1
		Σ
Wenn nicht alle 3 Begriffe genannt wurden, erneute Darbietung durch den VL usw.; max. 6 Wiederholungen. Anzahl der Versuche bis zur vollständigen Reproduktion der 3 Wörter:	14. ☐	

3. Aufmerksamkeit und Zahlenverständnis

In 7-er Schritten, beginnend bei 100, rückwärts zählen; Abbruch bei 5 Antworten; 1 Pkt/richtige Antwort	15. »93«	1
	16. »86«	1
	17. »79«	1
	18. »72«	1
	19. »65«	1
		Σ
Alternativ: Radio rückwärts buchstabieren	20. o – i – d – a – r	☐ max. 5 Pkte

4. Erinnerungsfähigkeit

Den Pb nach den bei 2. genannten Wörtern fragen; 1 Pkt./richtige Nennung.	21. »Auto«	1
	22. »Blume«	1
	23. »Kerze«	1
		Σ

5. Sprache

Ein Punkt für jede korrekte Testreaktion.

	Score
24. Armbanduhr benennen	1
25. Bleistift benennen	1
26. Nachsprechen des Satzes: »Sie leiht ihm kein Geld mehr«	1
27. Kommandos befolgen:	
– Blatt Papier in die rechte Hand,	1
– in der Mitte falten,	1
– auf den Tisch legen	1
28. Anweisung auf der Rückseite dieses Blattes vorlesen und befolgen	1
29. Schreiben eines vollständigen Satzes (Rückseite)	1
30. Nachzeichnen (s. Rückseite)	1
Σ	

Gesamtpunktwert

Max. 30, wobei Punktwerte von 0-20 auf Demenz hinweisen. ☐

Beachte:

Bei einer erreichten Punktzahl unter 10 ist von einer Bearbeitung weiterer aktiver Testteile abzusehen und sofort auf das *Fremdrating* überzugehen.

Bitte schließen Sie die Augen!

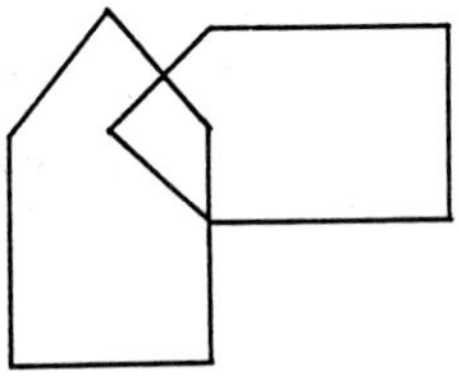